Karin Stöttinger

SHAKING SALAD

KARIN STÖTTINGER

SHAKING SALAD

FOOD-FOTOGRAFIE
Eisenhut & Mayer

FOTOGRAFIE
Silvia Wittmann

Brandstätter

Vorwort

Wenn Kinderträume wahr werden, kann Wundervolles entstehen ... Die Inspiration zu diesem Buch kam bei meinem ersten Wellenreiturlaub im südlichen Spanien. Im Sportcamp erwartete uns zum Lunch oft ein sommerlicher Salat – serviert im Glas, simpel, praktisch zum Mitnehmen, und köstlich! Diese Idee nahm ich auf und entwickelte sie zu Hause weiter. Wieder zurück im Büro begann ich, Salate im Glas mitzunehmen und das Dressing separat zu verpacken. Schon bald „bekochte" ich unsere ganze Mittagstischrunde und nahm immer wieder bis zu 12 Salate mit in die Arbeit. Das Feedback meiner Kolleginnen und Kollegen war so positiv, dass ich beschloss, mehr daraus zu machen ... und ein Kochbuch zu schreiben.

Inspiration für meine Rezepte finde ich auf Reisen, in Gesprächen mit Freundinnen und Freunden, beim gemeinsamen Kochen mit meiner Familie, wenn ich über Wochenmärkte schlendere oder auf Londons Streetfoodmarkets. Je abenteuerlicher die Geschmackskombinationen sind, umso lieber experimentiere ich.

Oft entscheide ich Zusammenstellungen für Salate sogar nach Farben; unsere Augen essen ja immer mit, ob kräftige Kontrastfarben wie bei meinem Summer-Delight-Salat (siehe Seite 18) oder harmonisch-sanft im Farbton wie der köstlich herzhafte Selleriesalat (siehe Seite 58). Der Phantasie bei Zutat, Geschmacksrichtung oder Variante sind hier keine Grenzen gesetzt. Gerade das hat mir von Beginn an so gut am „Shaking Salad"-Konzept gefallen.

Die Aufbewahrung im Glas bringt mehrere Vorteile: Es ist gut verschließbar, Glas gibt keinen Geschmack ab und die Lebensmittel halten darin teilweise länger als in vergleichbaren Plastikbehältern. Und es ist schön und appetitlich zugleich, die Schichtungen der Salate auch zu sehen – quasi ein Vorabgenuss.

Das Geheimnis des Dressings liegt im Schütteln; in jedem Haushalt finden sich Essig, Öl, Salz, Honig und Senf. Im richtigen Verhältnis geshaked, entsteht eine cremige Emulsion, die dem jeweiligen Salat den speziellen Geschmackskick gibt. Trennen sich die einzelnen Komponenten des Dressings wieder, so werden sie durch erneutes Schütteln einfach wieder gebunden.

Alle Rezepte sind für zwei Personen geschrieben. Aber auch für größere Mengen, zum Beispiel zum Grillen oder für ein Abendessen mit Freunden, ist das Konzept perfekt geeignet. Das Dressing hält sich über einige Tage im Kühlschrank. Noch mehr kreative und einfache Rezepte findet ihr auf „geschmacksmomente.com".

Ich wünsche Euch viel Freude und Genuss mit diesem Buch. Lasst Eurer Kreativität und Phantasie freien Lauf!

DRESSING

Ist man einmal eingetaucht in die Welt der Dressings und der Öle, möchte man nie wieder schlecht marinierten Salat essen. Ich liebe die Kombination aus cremig, fast süßem und harmonisierendem leicht säuerlichem Essig. Dazu ein hervorragendes Öl, etwas Honig und guter Senf. Das Geheimnis eines köstlichen Dressings ist simpel: alle Zutaten in ein Glas, gut verschließen und dann kräftig shaken, bis eine cremige Konsistenz entsteht.

Für fruchtige Salate mixe ich besonders gerne die Fruchtkomponente des Salates mit ins Dressing. Bei sommerlichen Salaten eignen sich Erdbeeren, Mangos oder auch Pfirsiche sehr gut. Der Phantasie sind auch hier keine Grenzen gesetzt.

Vorbereitung ist die halbe Miete! Salate sind von keiner Grillparty oder einem netten Abendessen wegzudenken. Berücksichtigt man einige Punkte, kann ein Salat gut vorbereitet und aufbewahrt werden:

- Den Salat waschen und danach wirklich gut abtropfen lassen, damit er seine Frische behält.
- Gemüsesorten, die Wasser abgeben (z. B. Tomaten oder Gurken), entweder kurz vor dem Servieren unter den Salat mischen oder schon im Vorfeld halbieren und entkernen.
- Jeder Salat wird durch Früchte der Saison aufgewertet. Keine Angst vor süßem Obst im sauren Salat.
- Geröstete Nüsse oder Körner verleihen dem Salat einen extra Crunch und besonderes Aroma.
- Wer Brötchen oder Brot als Beilage satt hat, kann auf eine nahezu unermessliche Auswahl an Alternativen zurückgreifen. Ich liebe Couscous, Bulgur, Linsen, Reis, Nudeln, Rollgerste, Bohnen oder Reis- und Glasnudeln und vieles mehr.

ZUTATEN DRESSING

Im Buch stelle ich meine Lieblingsessige und -öle vor. Bitte lasst Euch von der Vielzahl des Angebotes nicht abschrecken. Im Endeffekt kann jeder beliebige Essig oder jedes Öl verwendet werden. Versucht Essige und Öle durch Zugabe von etwas Süße und exquisiten Senf zu verfeinern.

Als Alternative zum Essig eignet sich Zitronen- oder Limettensaft. Als Süßungsmittel stehen Honig, Zucker, Palmzucker, Birkenzucker und noch vieles mehr zur Verfügung; je nach Lust und Laune. Auch beim Senf gibt es inzwischen köstliche Sorten – von lieblich-mild, fein gekräutert, traditionell mit ganzen Körnern oder feurig scharf. Probiert es aus! Oberstes Gebot ist gerade bei einfachen Leckereien wie meinen Salaten die hochwertige Qualität von Lebensmitteln. Es zahlt sich aus!

REIHENFOLGE IM GLAS

Die Reihenfolge im Glas erfolgt nach dem Gewicht der Zutaten. Zuerst Getreide, Reis, Kartoffeln (Kohlenhydrate), darauf schichte ich Gemüse, Fleisch, Fisch oder Käse. Danach kommen Blattsalate als leichte Trennung ins Glas. An oberster Stelle schichte ich Obst, Nüsse und Sprossen oder diverse Toppings. Die meisten Zutaten können auch schon am Vortag zubereitet und im Kühlschrank aufbewahrt werden. Wässrige Gemüse- oder Obstsorten schichte ich erst kurz vor dem Essen ins Glas.

DRESSING

ZUTATEN

REIHENFOLGE IM GLAS

VEGETARISCH

→ Genuss auf der ganzen Linie! Vegetarische Küche ist bunt, vielseitig, gesund ... einfach schön! Das Wichtigste für ein köstliches vegetarisches Gericht sind die frischen Produkte – am liebsten saisonal und aus der Region. Ich kaufe Obst, Gemüse, Milchprodukte, Eier und Honig auf dem Wochenmarkt von Bauern aus dem Umland, da kommen mir beim Einkaufen oft schon die besten Rezeptideen in den Sinn.

COUSCOUS-ERDBEER-SPINAT-SALAT
mit
SCHAFSKÄSE UND NÜSSEN

FÜR 2 PERSONEN

Zutaten Salat

- 6 Erdbeeren
- ⅛ Rotkrautkopf
- 1 Handvoll Jungspinat
- 100 g Schafskäse
- 2 EL Sprossen
- einige Erdnüsse
- einige Walnüsse

Zutaten Couscous

- 120 g Couscous
- 150 ml Wasser
- 2 EL Sojasauce
- 2 Knoblauchzehen
- 1 Lorbeerblatt
- Ingwer nach Belieben
- Pfefferminze
- 1 kleines Stück Butter
- 1 EL Olivenöl

Zutaten Dressing

- 50 ml Buttermilch
- 1 EL Zitronen- oder Limettensaft
- ½ EL Agavendicksaft
- 50 g Erdbeeren (ca. 3 mittelgroße Beeren)
- Salz

Dem kochenden Wasser alle Zutaten beigeben und 5 Minuten reduzieren lassen, den rohen Couscous begießen und mindestens 10 Minuten quellen lassen. Mit Olivenöl und Butter verfeinern.

Für den Salat alle Zutaten gut waschen und abtropfen lassen. Von den Jungspinatblättern die langen Stängel entfernen. Die Erdbeeren vierteln. Vom Rotkraut äußere Blätter entfernen und in feine Streifen schneiden. Die Erdnüsse aus der Schale brechen und mit den Walnüssen anrösten und auskühlen lassen. Den Schafskäse in mundgerechte Würfel schneiden. Alle Zutaten in ein Glas schichten; mit dem Couscous beginnen und die Sprossen zuletzt auf dem Salat drapieren.

Für das Dressing die Erdbeeren halbieren und pürieren. Die Buttermilch, den Saft einer ausgepressten Limette und eine Prise Salz dazugeben. Alle Zutaten nochmals kurz shaken und die Flüssigkeit in Gläser füllen.

Tipp: Salat und Dressing können schon am Vorabend zubereitet werden. Im Kühlschrank getrennt voneinander lagern. Vor dem Genuss mindestens eine Stunde vor dem Essen aus dem Kühlschrank nehmen, damit sich die Aromen bei Zimmertemperatur nochmals perfekt entfalten können.

ZARTWEIZENSALAT
mit
APRIKOSEN

FÜR 2 PERSONEN

Zutaten Salat
- 100 g Zartweizen
- 6 Aprikosen
- 100 g Sojabohnen (Asiashop oder TK)
- 1 Mozzarella (125 g Abtropfgewicht)
- 2 große Blumenkohlrosen (ca. 200 g)
- 1 kleines Stück Butter

Zutaten Dressing
- 150 g Aprikosen entkernt
- 3 EL Aprikosenessig (alternativ weißer Balsamico)
- 2 EL Basilikumöl
- eventuell Honig oder Birnendicksaft zum Süßen
- Salz

Den Zartweizen in ausreichend Salzwasser 10 Minuten weichkochen. Danach durch ein feines Sieb abgießen und beiseite stellen. Die Sojabohnen in ausreichend Salzwasser für 5 Minuten bissfest kochen.

Die Aprikosen in kleine Spalten schneiden, 150 g Fruchtfleisch für das Dressing übrig lassen. Den Blumenkohl waschen, in kleine Röschen brechen und in Butter braun anbraten. Mit Küchenkrepp abtupfen und auskühlen lassen. Den Mozzarella würfelig schneiden. Alle Zutaten in Gläser schichten.

Für das Dressing die Aprikosen in ein hohes Gefäß füllen, mit den restlichen Zutaten vermischen und mit dem Mixstab cremig pürieren.

Variante: Eine saftige Mango oder Pfirsiche statt Aprikosen schmecken ebenfalls herrlich.

SUMMER DELIGHT
mit
MELONE UND SCHAFSKÄSE

Kühlende Obst- und Gemüsesorten, ein wenig guter Käse, saftige Früchte mit frischer Pfefferminze – an einem heißen Sommertag macht dieser Shaking Salad wirklich Lust ...

FÜR 2 PERSONEN

Zutaten Salat

¼ reife Wassermelone
2 Nektarinen
6 Stück Physalis
200 g Schafskäse
1 Frühlingszwiebel
Zitronenabrieb
Pfefferminze

Zutaten Dressing

Saft einer halben Zitrone
2 EL Olivenöl
1 EL Honig
Salz

Für den Salat Wassermelone und Nektarinen in ein mal ein Zentimeter große Stücke schneiden. Physalis waschen; beiseite stellen. Schafskäse gut abtropfen lassen und fingerdick würfeln, Frühlingszwiebel in feine Ringe schneiden. Die unbehandelte Zitrone heiß waschen und mit einer feinen Reibe nur das Gelbe der Zitronenschale abreiben. Die Zesten schmecken frisch und verbreiten einen sommerlichen Duft. Einige Blätter Pfefferminze waschen und abtropfen lassen. Alle Zutaten nach und nach in das Glas schichten.

Für das Dressing den Saft einer halben Zitrone mit dem Olivenöl verrühren und die Mischung mit etwas Salz und Honig abschmecken. Alle Zutaten gut shaken und in ein separates Glas abfüllen. Kurz vor dem Anrichten das Dressing nochmals aufschütteln und über den Salat gießen!

Tipp: Eine süße, reife Wassermelone erkennt man bei einer ganzen Frucht an der leichten Verfärbung an der unteren Seite, auf der die Frucht aufgelegen ist. Wurde diese reif gepflückt, erkennt man eine gelbe Verfärbung. Ist jedoch die ganze Melone noch grün, wurde sie unreif gepflückt. Oder man klopft einfach kurz mit den Fingerknöcheln gegen die Frucht, es sollte dumpf und hohl klingen. Der Stängel darf auf keinen Fall braun oder schwarz sein, dann wäre sie bereits überreif.

ITALIAN CLASSIC
oder
NUDELSALAT MIT TOMATEN UND SCHAFSKÄSE

Hurra! Endlich ein Nudelsalat mit viel Aroma und noch mehr Amore – und deswegen schmeckt er natürlich extra gut.

FÜR 2 PERSONEN

Zutaten Salat
- 120 g Spiral-Dinkelnudeln
- 6 Cocktailtomaten
- 2 Frühlingszwiebeln
- 150 g Schafskäse
- 1 Handvoll Feldsalat

Zutaten Dressing
- 3 EL Balsamico Essig
- 1 EL Honig
- 2 EL Olivenöl
- Salz

Für den Salat die Spiralnudel in reichlich Salzwasser bissfest kochen, abseihen und mit einem Schuss Olivenöl vermengen. Die Cocktailtomaten waschen und vierteln.

Frühlingszwiebeln in feine Ringe schneiden. Den Schafskäse in kleine Stücke brechen. Alle Zutaten in das Glas schichten. Den Feldsalat sorgfältig waschen, trocknen und die Stängel mit den Fingern abdrehen, damit lose Blätter entstehen. Die Salatblätter zuoberst schichten.

Für das Dressing alle Zutaten in ein kleines Glas füllen und so lange kräftig schütteln, bis eine cremige Konsistenz entsteht.

Tipp: Wenn ihr den Salat nicht gleich essen wollt, schneidet das Kerngehäuse der Tomaten heraus, da sie sonst viel Flüssigkeit abgeben und den Salat unangenehm matschig machen.

Variante: Schafskäse kann durch Mozzarella ersetzt werden, das ist die mildere Alternative. Außerhalb der Tomatensaison können auch halbgetrocknete Tomaten aus dem Glas verwendet werden. Schwarze Oliven verleihen dem Salat eine zusätzliche Extranote.

TIPP
Dieser Salat schmeckt noch besser, wenn das Dressing bereits eine Stunde vor dem Essen unter den Salat gemischt wird.

KÜRBISSALAT
mit
GRANATAPFEL

Kürbis hat lange Saison und bietet viele Möglichkeiten der Verarbeitung. Mir schmeckt er im Backofen gegart am allerbesten ...

FÜR 2 PERSONEN

Zutaten Salat

- 300 g Kürbis (Hokkaido oder Butternuss)
- 20 Stück geschälte Erdnüsse
- 200 g Schafskäse
- 1 Granatapfel

Zutaten Dressing

- 50 g Butternusskürbis
- 70 g Orangensaft
- 1 TL Reisessig
- ½ TL Ingwer-Sesam-Öl (alternativ Olivenöl)
- Ingwer nach Belieben
- Salz

Für den Salat und das Dressing den Kürbis zwei Zentimeter groß würfeln. Backofen auf 180 Grad vorheizen und den Kürbis auf einem Backpapier verteilen. Eine kleine Schüssel Wasser in den Backofen stellen und den Kürbis für 15 Minuten auf der mittleren Schiene garen. Der Garpunkt kann je nach Würfelgröße variieren, das Kürbisfleisch sollte schön weich sein.

Die Erdnüsse schälen und beiseite stellen. Aus dem Granatapfel die Kerne klopfen und den Schafskäse in mundgerechte Stücke schneiden. Alle Zutaten in ein Glas schichten.

Für das Dressing den gegarten Kürbis in ein hohes Gefäß geben, mit Orangensaft und Salz vermischen und fein pürieren. Ingwer schälen und reiben. Das Dressing mit dem Reisessig und dem Ingwer-Sesam-Öl durchmischen. Abschmecken und in kleine Gläser füllen.

MEXICAN-SALAD
mit
FEURIGEM CHILI-LIMETTENSAFT-DRESSING

Ein super köstlicher Partysalat, der immer gut ankommt und auch Nichtvegetariern hervorragend schmeckt – Dein Mund wird singen!

FÜR 2 PERSONEN

Zutaten Salat

- 1 kleine Dose Mais (etwa 140 g)
- 1 kleine Dose rote Bohnen (etwa 140 g)
- 1 Handvoll Nachos
- 1 Handvoll gemischter Blattsalat
- 1 kleine gelbe Paprika
- 1 kleine rote Paprika
- 80 g Cheddar

Zutaten Dressing

- 4 EL Sweet Chili Sauce
- 2 EL Saure Sahne
- 4 EL Limettensaft
- 2 EL Olivenöl
- Salz

Mais und Bohnen gründlich abspülen. Den gemischten Blattsalat waschen und abtropfen lassen. Die bunten Paprika klein würfeln. Den Cheddar grob reiben. Die Nachos in mundgerechte Stücke zerbrechen. Alle Zutaten für den Salat in ein Glas schichten.

Für das Dressing alle Zutaten in ein hohes Gefäß füllen und mit dem Mixer pürieren, bis eine cremige Masse entsteht. Mit Salz abschmecken.

Tipp: Nachos nehmen schon nach kurzer Zeit die Feuchtigkeit des Salates an und werden matschig. Daher separat aufbewahren, wenn der Salat schon am Vorabend zubereitet wird.

TIPP

Der Waldhimbeeressig ist wesentlich intensiver und cremiger als normaler Himbeeressig. Die fast zähflüssige Konsistenz verleiht dem Salat einen extra Geschmackskick und ein wunderbares Aroma!

QUINOA-ZIEGENKÄSE-SALAT
mit
FRISCHEN BEEREN

FÜR 2 PERSONEN

Zutaten Salat
- 5 Erdbeeren
- 10 Brombeeren
- 20 Heidelbeeren
- 1 Mango
- 100 g Ziegenfrischkäse
- 1 Handvoll Feldsalat
- 1 unbehandelte Limette
- 100 g Quinoa schwarz
- 200 ml Wasser
- ½ TL Salz

Zutaten Dressing
- 4 EL Waldhimbeeressig
- 3 EL Orangenöl
- 2 TL Honig
- Salz

Quinoa gründlich mit Wasser abspülen, dadurch werden Bitterstoffe ausgeschwemmt. Salzwasser zum Kochen bringen und den gewaschenen Quinoa dazugeben. Gut umrühren und den Deckel schließen. Die Hitze auf die kleinste Stufe schalten und für zwanzig Minuten köcheln lassen. Danach den Quinoa auf Bissfestigkeit prüfen und beiseite stellen.

Für den Salat die Beeren behutsam waschen und abtropfen lassen. Das Grün von den Erdbeeren abschneiden. Mango in kleine Stücke schneiden. Den Ziegenfrischkäse mundgerecht abbröseln. Feldsalat waschen und gut abtropfen lassen. Den Strunk der Blätter mit den Händen abdrehen, damit lose Blätter für den Salat übrigbleiben. Die unbehandelte Limette heiß waschen, trocknen und die Schale einer halben Limette fein abreiben. Den Abrieb unter den ausgekühlten Quinoa mischen. Die Limettenschale verleiht dem Shaking Salad einen sommerlich-frischen Duft.

Alle Zutaten in ein Glas schichten. Die Beeren kommen obenauf, damit sie nicht zerdrückt werden.

Für das Dressing alle Zutaten in einer kleinen Schüssel cremig rühren und in Gläser füllen!

Variante: Statt Waldhimbeeressig kann alternativ jeder Beerenessig verwendet werden. Dem Dressing mehr Honig beimengen, um eine vergleichbare Süße zu erhalten.

FENCHEL-ERDBEER-SALAT
mit
DOLCE LATTE

FÜR 2 PERSONEN

Zutaten Salat
- 1 Fenchel
- 1 süßer Apfel
- 10 Erdbeeren
- 50 g Dolce Latte
- 50 g geröstete Nüsse
- Schnittlauch

Zutaten Dressing
- 4 EL Beerenessig
- 4 EL Zitronensaft
- 4 EL Olivenöl

Fenchel und Apfel in feine Scheiben schneiden. Die Erdbeeren waschen, abtropfen und vierteln. Den Schnittlauch waschen, abtropfen und in feine Ringe schneiden. Die Nüsse je nach Belieben grob hacken oder im Ganzen anrösten und in das Salatglas füllen. Den Abschluss bildet der Dolce Latte. Den Käse über den Salat bröseln.

Für das Dressing die Zutaten vermengen und in kleine Gläser füllen.

Varianten: Wer den intensiven Geschmack des Dolce Latte nicht mag, kann diesen durch einen milden Ziegenkäse ersetzen.

Als fruchtige Alternative zu den Erdbeeren schmeckt eine Wasser- oder Zuckermelone wunderbar frisch in diesem Salat.

Tipps: Wer Lust hat, kann Beerenessig ganz einfach selbst machen. Dazu 0,5 Liter weißen Balsamico in eine Glasflasche füllen, 300 g aussortierte Beeren dazugeben! Das Ganze gut verschließen und auf der Fensterbank im Sonnenlicht zwei Wochen stehen lassen. Danach die Flüssigkeit abseihen und den Essig kurz in einem Topf aufkochen lassen. In eine saubere Flasche füllen und verschließen. Der Essig erhält dadurch einen feinen Beerengeschmack und hält sich ein halbes Jahr.

Wer es gerne besonders „fenchelig“ mag, einfach das aufbehaltene kleingehackte Fenchelgrün unter das Dressing mischen oder den Salat damit garnieren.

GEBRATENER REIS
mit
ERDNUSSBUTTER-KOKOSMILCH-DRESSING

Reis bietet sich wunderbar zur Resteverwertung an. Eines unserer Lieblingsgerichte ist gebratener Reis mit allem, was gerade so da ist. Schnell zubereitet, praktisch und köstlich!

FÜR 2 PERSONEN

Zutaten Salat
- 130 g Basmatireis
- 200 ml Wasser
- Salz
- 1 EL Sojasauce
- 12 Zuckerschoten
- 2 Karotten
- ½ gelber Paprika
- ½ roter Paprika
- 1 Frühlingszwiebel
- 50 g geschälte Erdnüsse
- Sonnenblumenöl

Zutaten Dressing
- 2 TL Erdnussbutter
- 4 EL Kokosmilch
- 1,5 EL Limettensaft
- 2 TL Sojasauce

Für den Salat den Reis in Salzwasser kochen; beiseite stellen und auskühlen lassen. Den ausgekühlten Reis in einer Pfanne mit einem Teelöffel Sonnenblumenöl und einem Esslöffel Sojasauce nochmals anbraten.

Zuckerschoten waschen, Enden abschneiden, halbieren und in Öl anrösten; auf einem Küchenpapier abtropfen lassen. Die Karotte schälen und klein würfeln. Den Paprika waschen, entkernen und in gleich große Stücke schneiden. Das Ei in einer Tasse verquirlen und mit Butter von beiden Seiten heiß anbraten; mundgerechte Stücke aus der Eimasse schneiden. Erdnüsse klein hacken. Frühlingszwiebel waschen und in feine Ringe schneiden. Für den Salat alle Zutaten in Gläser schichten.

Für das Dressing alle Zutaten zusammenmischen und abschmecken. Das Dressing kann schon eine Stunde vor dem Essen über den Salat gegeben werden, da der Salat dann noch intensiver schmeckt.

Tipp: Reis vom Vortag eignet sich sehr gut für dieses Salatrezept, da der Reis durch das Austrocknen körniger schmeckt.

TIPP

Korianderblätter und ein Schuss Limettensaft verleihen dem Salat eine frische Note.

WARMER WINTERSALAT
mit
FRISCHEM ZITRONEN-OLIVENÖL-HONIG-DRESSING

Salat passt nicht nur zu Sommer und Sonne – es gibt so viele tolle Wintersalate, dass ich ihn auch in der kalten Jahreszeit immer wieder gerne zubereite. Zum Beispiel diesen herrlichen Mix aus Birne, Zwiebel, Pastinake, Fenchel, Roter Beete, Ziegenkäse und Co.

FÜR 2 PERSONEN

Zutaten Salat

1 Birne
1 kleine Zwiebel
1 Pastinake
1 Rote Beete
1 Fenchel
1 Karotte
150g Ziegenkäse
1 EL Olivenöl
1 EL Honig
Salz

Zutaten Dressing

Saft einer halben Zitrone
1 EL Honig
2 EL Olivenöl
1 TL Dijonsenf
Salz

Für den Salat das Gemüse putzen, schälen und in mundgerechte Stücke schneiden. Beim Fenchel auch den Strunk entfernen, damit der Salat nicht bitter schmeckt. Eine Auflaufform mit Backpapier auslegen und das Gemüse darauf verteilen. Mit Olivenöl und Honig beträufeln, salzen und gut durchmischen. Den Backofen auf 180 Grad vorheizen und die Gemüse-Mischung für mindestens 20 Minuten garen. Immer wieder mit einer Gabel die Bissfestigkeit überprüfen, da es auf die Größe der Stücke ankommt. Die Birne waschen, entkernen und in acht kleine Spalten schneiden. Das gegarte Gemüse in ein Glas schichten und den Ziegenkäse über den geschichteten Salat und die Birnenspalten bröseln.

Für das Dressing alle Zutaten in ein Glas geben und gut durchschütteln, bis die Konsistenz cremig wird. Dieser Salat schmeckt hervorragend im warmen Zustand.

BELUGALINSENSALAT
mit
ROTER BEETE UND ZIEGENFRISCHKÄSE

Belugalinsen verdanken ihre Bezeichnung dem gleichnamigen Kaviar. Das liegt vor allem daran, dass Belugalinsen ihm optisch sehr ähneln. Sie sind klein, schwarz und glänzend – und edel im Geschmack.

FÜR 2 PERSONEN

Zutaten Salat
- 150 g Beluga Linsen
- 150 g gekochte Rote Beete
- 10 dag Ziegenfrischkäse
- einige Blätter roter Schnittmangold (alternativ Ruccola)

Zutaten Dressing
- 100 g gekochte Rote Beete
- 2 Msp Kümmel gemahlen
- 2 Msp Zucker
- 1 Brise Muskat
- 2 TL Balsamico weiß
- 2 TL Saure Sahne

Belugalinsen in Wasser mindestens 20 Minuten bissfest kochen, abseihen und beiseite stellen. Nach dem Garen salzen. Rote Beete klein schneiden. Den Ziegenkäse mit der Hand zerpflücken. Für eine etwas herbe Note habe ich hier den Schnittmangold verwendet. Als Alternative kann Ruccola genommen werden. Die Blätter waschen und abtropfen lassen. Alle Zutaten in ein Glas füllen. Den Salat und den Ziegenkäse obenauf legen.

Für das Dressing die Rote Beete in kleine Stücke schneiden. In ein Gefäß füllen und die restlichen Zutaten dazugeben. Mit dem Pürierstab gut mixen, bis eine hellrosa Farbe entsteht.

Der Salat kann sehr gut über Nacht aufbewahrt werden. Wer noch etwas Schärfe im Salat vermisst, schneidet gerne eine Frühlingszwiebel klein und mischt sie unter den Salat.

Tipp: Für einen kleinen Schärfe- und Geschmackskick kann unter das Dressing auch eine Messerspitze Wasabipaste gemengt werden.

DATTEL-BIRNEN-SALAT
mit
BLAUSCHIMMELKÄSE

Die Inspiration für diese Kombination hatte ich im Büro zusammen mit meinen Kolleginnen. Eine hatte einen Blauschimmelkäse und die andere getrocknete Datteln mitgenommen. Mir blieb dann nur noch der Kauf eines Baguettes. Birnen, Granatapfelkerne und Weintrauben runden diesen Shaking Salad wunderbar ab – ein echtes Geschmackserlebnis!

FÜR 2 PERSONEN

Zutaten Salat

- 75 g Blauschimmelkäse (z.B. Bavaria Blue)
- 2 kleine Birnen
- ½ Granatapfel
- 20 kernlose Weintrauben
- 5 getrocknete Datteln
- 1 Handvoll roter Schnittmangold

Zutaten Dressing

- 2 EL Granatapfelessig
- 2 EL Olivenöl
- 1 TL Honig
- Salz

Für den Salat den Schnittmangold waschen und abtropfen lassen. Den Blauschimmelkäse in Scheiben oder kleine Stücke schneiden. Die Birnen waschen, entkernen und in kleine Streifen schneiden. Vom Granatapfel die Kerne durch das Klopfen mit einem Kochlöffel aus der Frucht herausschlagen. Die Weintrauben waschen und halbieren. Die getrockneten Datteln entkernen und klein schneiden.

Für das Dressing alle Zutaten in eine kleine Schüssel geben, mit dem Schneebesen cremig rühren und abfüllen.

Tipp: Statt Blauschimmelkäse kann auch Roquefort verwendet werden und als Topping einige gehackte Pekannüsse darüberstreuen.

CAPRESE
mit
PINIENKERN-BASILIKUM-DRESSING

Reife Tomaten, cremiges Basilikumdressing, frischer Mozzarella – ein Klassiker, den wir alle lieben und der uns an Sonne, Meer und den letzten Urlaub im Süden denken lässt.

FÜR 2 PERSONEN

Zutaten Salat

400 g farblich gemischte Cocktailtomaten
2 Pkg à 220 g Füllgewicht Mozzarella (Abtropfgewicht 100 g)

Zutaten Dressing

25 g Pinienkerne
zwei große Handvoll frisches Basilikum (ca. 8 g)
3 EL Olivenöl
2 EL Balsamico weiß
½ TL Meersalz

Cocktailtomaten waschen und vierteln. Den Mozzarella in daumendicke Stücke schneiden. Beides miteinander vermengen und in ein Glas füllen.

Für das Dressing eine Handvoll Basilikum waschen und danach abtropfen lassen, einige für die Dekoration beiseite legen. Die Blätter und die restlichen Zutaten nicht zu fein pürieren; ich mag es gerne, wenn von den Pinienkernen noch Stücke zu erkennen sind.

Das Dressing vor dem Essen über den Salat gießen, den Deckel schließen und gut shaken.

Tipps: Da die Tomaten viel Flüssigkeit abgeben, sollte der Salat nur wenige Stunden vor dem Verzehr zubereitet werden. Den Salat mindestens eine Stunde vor dem Essen aus dem Kühlschrank nehmen, damit die Zutaten Raumtemperatur annehmen können.

Noch intensiver nach Sommer schmeckt das italienische Nationalgericht mit einigen halbgetrockneten Tomaten.

Variante: Außerhalb der Saison ersetze ich Tomaten gerne durch Avocados in Kombination mit kernlosen Weintrauben. Und im Sommer bieten Erdbeeren eine fruchtige Alternative zu den Tomaten.

MAHLZEIT

ERDBEER-SPARGEL-SALAT
mit
POLENTASCHNITTEN

FÜR 2 PERSONEN

Zutaten Polentaschnitten

100 g Polenta
¼ Liter Wasser
1 TL Bio-Gemüsebrühe
1 EL fein geschnittener Zwiebel
1 Prise Salz
2 Eier
3 EL Milch

Zutaten Salat

2 Handvoll Ruccola und roter Schnittmangold
10 Erdbeeren
6 Stangen Thaispargel

Zutaten Dressing

2 EL Erdbeeressig
3 EL Olivenöl
1 TL Honig
Salz

Für die Polentaschnitten den Backofen auf 200 Grad vorheizen. Wasser zum Kochen bringen; Bio-Gemüsebrühe und Polenta einrühren. Den Topf schließen, beiseite schieben und nach Packungsbeilage quellen lassen. In der Zwischenzeit eine kleine Auflaufform mit Butter ausstreichen. Die Eier trennen und das Eiklar zu Schnee schlagen. Eidotter, Milch und fein geschnittene Zwiebelstücke in die überkühlte Polentamasse einrühren. Danach den Schnee vorsichtig unterheben. Die Masse in die Auflaufform gießen und auf der mittleren Schiene für 20 Minuten fertig backen.

Den Salat waschen und abtropfen. Die Polentaschnitten in mundgerechte Stücke schneiden.
Die Erdbeeren waschen, abtropfen lassen und vierteln. Vom grünen Spargel die holzigen Enden abschneiden und in ein Zentimeter große Stücke schneiden. Alle Zutaten in ein Glas füllen.

Für das Dressing alle Zutaten in ein kleines Glas füllen und gut schütteln.

Variante: Mit geriebenem Parmesan werden die Polentaschnitten noch etwas intensiver im Geschmack. Statt Thaispargel kann auch dünner grüner Spargel verwendet werden.

VEGAN

→ Auf tierische Nahrungsmittel verzichten: Kein Problem! Genuss statt Verzicht, das ist mein Motto. Rein pflanzliche Ernährung ist unglaublich abwechslungsreich und der Kreativität sind keine Grenzen gesetzt. Ich möchte Euch mit neuen Ideen und Rezepten überraschen und zeigen, wie gut und vielfältig veganes Essen sein kann.

AUBERGINEN-CASHEWKERN-SALAT

mit

KAROTTEN-KARDAMON-ORANGEN-DRESSING

Marinierte Auberginen in einer unvergesslichen Soße, ummantelt vom seidig-cremigen Dressing bringt Genussmomente, die man nicht so schnell vergisst.

FÜR 2 PERSONEN

Zutaten Salat

1 Aubergine
2 EL brauner Zucker
2 EL Reisweinessig
1 EL Süße Sojasauce
3 EL Dünne Sojasauce (Chinashop)
1 EL Olivenöl
Ingwer nach Belieben
2 Karotten
2 Orangen
6 EL ungesalzene Cashewkerne (etwa 100 g)
2 EL Rosinen

Zutaten Dressing

1 Karotte
1 Schalotte
2 Kardamonkapseln
(Alternativ: 1 Msp gemahlener Kardamon)
1 TL brauner Zucker
Saft einer halben Orange
1 TL Olivenöl
Salz

Aubergine in mundgerechte Würfel schneiden und mit Olivenöl goldbraun anbraten. Klein gehackten Ingwer dazugeben. Den Zucker, den Reisweinessig, die süße Sojasauce und die dünne Sojasauce dazugeben und fertig braten. Die Auberginenstücke sollen nicht zu weich werden. Auskühlen lassen. Zwei Karotten mit dem Gemüseschäler in bandnudeldicke Streifen schälen. Die Cashewkerne rösten und die Orangen filetieren. Zuerst die Aubergine, dann die Cashewkerne, die Karottenstreifen und die Orangenfilets in ein Glas schichten. Zum Schluss den Salat mit gewaschenen Rosinen garnieren.

Für das Dressing Karotte und Schalotte klein schneiden, in Olivenöl anbraten, etwas rösten und den braunen Zucker dazugeben. Pfanne bodenbedeckt mit Wasser auffüllen, Kardamonkapseln und Salz beimengen, Deckel schließen und für 10 Minuten weiterköcheln lassen. Kardamon entfernen und alles zu einer Creme pürieren. Mit dem Saft einer halben Orange verfeinern!

APFEL-QUINOA-SALAT
mit
KOKOSMILCH-PFEFFERMINZ-DRESSING

FÜR 2 PERSONEN

Zutaten Salat
- 100 g Quinoa
- 200 ml Wasser
- 60 g geröstete Haselnüsse
- 150 g gekochte Rote Beete
- 1 Apfel
- 20 Pfefferminzblätter

Zutaten Dressing
- 6 EL Apfelsaft
- 3 TL Kokosmilch
- 10 Pfefferminzblätter
- 1 TL Apfelessig
- Salz

Für den Salat den Quinoa gut mit kaltem Wasser abspülen; dadurch verliert er seine Bitterstoffe. Danach in Salzwasser für cirka 20 Minuten zugedeckt bissfest kochen. Die gekochte Rote Beete in ein Zentimeter große Würfel schneiden. Den Apfel waschen, entkernen und in mundgerechte Scheiben schneiden. Alle Zutaten in ein Glas schichten. Die Pfefferminzblätter waschen und abtropfen lassen.

Für das Dressing die Pfefferminzblätter waschen und trocknen. Alle Zutaten in ein hohes Gefäß füllen und mit dem Mixstab pürieren.

Tipp: Der Salat lässt sich gut vorbereiten und hält sich sehr gut über Nacht im Kühlschrank.

SHAKING SALAD

TABOULÉ
mit
FRISCHER PFEFFERMINZE

Die Taboulé ist ein traditionell libanesisches Gericht. Hauptbestandteil einer Taboulé ist die Petersilie, die dem Salat eine außergewöhnlich intensive Note gibt. Für meine Taboulé habe ich für mehr Kräutervielfalt zusätzlich noch Pfefferminze verwendet.

FÜR 2 PERSONEN

Zutaten Salat
- 150 g Bulgur
- 300 ml Wasser
- 1 TL Olivenöl
- 1 Schalotte
- 3 Tomaten
- ½ Gurke
- 1 gelber Paprika
- 1 Bund Petersilie
- 4 Zweige Pfefferminze

Zutaten Dressing
- Saft einer ½ Zitrone
- 5 EL Olivenöl
- 3 EL Balsamico, weiß
- 1 ½ EL Agavendicksaft
- ½ TL Salz

Zwei Tassen Wasser mit einem Teelöffel Salz zum Kochen bringen. Eine Tasse Bulgur und einen Teelöffel Olivenöl dazugeben und gut umrühren. Deckel schließen, den Topf beiseite stellen und für 10 Minuten quellen lassen. Danach, wenn notwendig, das überschüssige Wasser abgießen. Auskühlen lassen.

In der Zwischenzeit die Schalotte möglichst klein würfeln und mit einem Spritzer Zitronensaft beträufeln. Dadurch wird die Schalotte bekömmlicher.

Die Tomaten auf der Unterseite kreuzweise einritzen und in kochendem Wasser für eine halbe Minute blanchieren. Kalt abspülen und die Haut abziehen, das Gehäuse entfernen. Tomaten, Paprika und Gurke entkernen und kleinwürfelig schneiden. Die Petersilie und die Pfefferminze waschen, abtropfen und danach fein hacken. Alles in einer großen Schüssel gut vermengen und in die Gläser füllen.

Für das Dressing alle Zutaten miteinander vermengen und in ein Glas füllen. Die Zitrone verleiht dem Salat einen zusätzlichen Frischekick. Vor dem Essen das Dressing nochmals aufschütteln, bis es cremig wird.

KICHERERBSENSALAT

mit

DATTELN, KREUZKÜMMEL, KARDAMON UND ZIMT

*Der Geschmack des Orients nimmt mit diesem Rezept Platz an Deinem Tisch.
Der Duft der Gewürze durchströmt die Küche,
nimm Dir Zeit für diesen Genuss …*

FÜR 2 PERSONEN

Zutaten Salat

- 200 g Kichererbsen
- 70 g Bulgur
- 10 Datteln
- 2 Karotten
- 1 Msp Zimt
- 1 Msp Kreuzkümmel
- 1 Msp Kardamon
- 1 TL brauner Zucker
- 1 EL Olivenöl
- 2 TL Soja Sauce
- Olivenöl

Zutaten Dressing

- 50 ml Kokosmilch
- 2 TL Tahin (Sesampaste)
- 1 EL Limettensaft
- Salz

Die Kichererbsen für mindestens 12 Stunden in Wasser einweichen, abgießen und für eine Stunde kochen. Kichererbsen werden rascher weich, wenn man das Wasser nicht salzt. Wer es schneller mag, kauft sich Kichererbsen fertig gegart in der Dose oder im Glas.

Für den Bulgur 140 ml Wasser zum Kochen bringen. Die Sojasauce und einen Teelöffel Olivenöl dazugießen. Den Bulgur in die kochende Flüssigkeit leeren, mit einem Löffel umrühren, den Deckel schließen, beiseite stellen und 10 Minuten quellen lassen. In der Zwischenzeit die Karotte schälen und in feine Stifte schneiden. Olivenöl erhitzen, die Karottenstreifen, den Zucker und jeweils eine Messerspitze Zimt, Kreuzkümmel und Kardamon dazugeben. Gut umrühren und den Deckel der Pfanne schließen. Die Karotten unter mehrmaligem Umrühren weich dünsten. Die Hitze der Pfanne sollte dabei nicht zu hoch sein. Die Datteln in kleine Stücke schneiden.

Für das Dressing alle Zutaten verrühren, abschmecken und in ein kleines Gefäß füllen. Vor dem Anrichten das Dressing nochmals kräftig aufschütteln.

TIPP

Belugalinsen enthalten einen hohen Eiweiß- und Kohlenhydratanteil. Nicht nur für Vegetarier und Veganer bieten die kleinen schwarzen kaviarähnlichen Linsen einen hervorragenden Ersatz für Fleischmahlzeiten.

BELUGALINSEN-SALAT
mit
KHAKI UND TOFU

FÜR 2 PERSONEN

Zutaten Salat
- 200 g Tofu natur
- 150 g Belugalinsen
- 2 Handvoll gemischter Blattsalat
- 2 Khaki
- 2 Frühlingszwiebeln
- 2 EL Sojasauce
- 1 EL Sonnenblumenöl

Zutaten Linsenreduktion
- 1 Knoblauchzehe
- 2 EL Staubzucker
- 1 EL Tomatenmark
- 1 Schalotte
- ¼ l Gemüsebrühe
- 3 EL Balsamico weiß

Zutaten Dressing
- Saft einer halben Zitrone
- 3 EL Olivenöl
- 1,5 EL Agavendicksaft
- Salz

Belugalinsen in einem feinen Sieb gut waschen und in ausreichend Wasser für cirka 20 Minuten bissfest kochen. Für die Reduktion den Staubzucker in einem Topf schmelzen lassen, das Tomatenmark einrühren und mit Suppe und Essig aufgießen. Die Schalotte und die Knoblauchzehe schälen, in möglichst kleine Stücke schneiden und zur Flüssigkeit geben. Die Flüssigkeit auf ein Drittel der Menge reduzieren lassen. Die fertig gekochten Linsen untermengen. Über Nacht in einem luftdichten Gefäß im Kühlschrank kaltstellen.

Am nächsten Tag den Tofu in mundgerechte Würfel schneiden und von allen Seiten anbraten. Die Sojasauce darauf verteilen und nochmals durchrühren, damit alle Würfeln eine schöne braune Farbe erhalten.

Für den Salat Khakis schälen und zerkleinern. Von den Jungzwiebeln das Ende abtrennen und in feine Ringe schneiden. Den gemischten Blattsalat waschen und abtropfen lassen. Alle Zutaten in ein Glas schichten. Der Tofu als Topping kommt zum Schluss.

Für das Dressing eine halbe Zitrone auspressen. Mit Olivenöl, Salz und Agavendicksaft in ein kleines Glas füllen und gut schütteln, bis das Dressing sämig wird.

TOPINAMBUR

TOPINAMBUR-SALAT

mit

KÖRNIGEM SENFDRESSING UND SCHARFEN SPROSSEN

Topinambur kann geschält oder gründlich gewaschen mit Schale auch roh genossen werden. Die Knolle schmeckt angenehm nussig, mild und leicht süßlich.

FÜR 2 PERSONEN

Zutaten Salat	*Zutaten Dressing*
2 Topinambur	2 EL Balsamico weiß
1 kleine Dose Mais (Abtropfgewicht 140 g)	2 EL Olivenöl
1 gekochte Rote Bete	2 TL Agavendicksaft
4–6 kleine Brokkoliröschen	2 TL grobkörnigen Senf
1 Handvoll Jungspinat	Salz
1 Handvoll Sprossen	

Den Topinambur schälen und in feine Scheiben schneiden oder auf einer Gurkenreibe raspeln. Den Mais durch ein Sieb leeren, mit kaltem Wasser abspülen und danach abtropfen lassen. Die gekochte Rote Beete und den rohen Brokkoli in mundgerechte Stücke schneiden. Den Jungspinat waschen und abtropfen lassen. Alle Zutaten des Salates in ein Glas schichten.

Für das Dressing den Essig, das Öl, den Agavendicksaft, den Senf und Salz in ein kleines Glas geben und kräftig schütteln, bis die Flüssigkeit zu einer cremigen Masse wird.

SELLERIESALAT
mit
EINKORNREIS UND APFEL

Sellerie ist viel mehr als nur Suppengemüse: ob als Rohkostsnack, als Saftzutat, gedünstet, überbacken aus dem Ofen, oder wie hier als schmackhafter Salat – Sellerie beweist Vielfalt.

FÜR 2 PERSONEN

Zutaten Salat
- 80 g Einkornreis
- 160 ml Wasser
- ¼ Sellerieknolle
- 1 Apfel
- 1 kleine Pkg Nussmix
- Salz

Zutaten Dressing
- 3 EL Apfelessig
- 4 EL Mandelöl
- Salz

Für den Salat den Einkornreis in Salzwasser zugedeckt für 10 Minuten köcheln; danach für weitere 5 Minuten quellen lassen. Beiseite stellen und auskühlen. Die Sellerieknolle schälen und in feine Stifte schneiden. Den Apfel entkernen und ebenfalls in Stifte schneiden. Den Nußmix grob hacken, in der Pfanne ohne Öl kurz anrösten. Alle Zutaten in die Gläser schichten.

Für das Dressing die Zutaten in ein kleines Glas füllen und gut shaken.

Variante: Für diesen Shaking Salad kann der Einkornreis wunderbar durch Grünkern oder auch Rollgerste ersetzt werden. Für Nussallergiker können alternativ Cashew- oder Erdnüsse ein feines Aroma abgeben.

SHAKING
SALAD

BUNTER GEMÜSESALAT
mit
GERÖSTETEN NÜSSEN

FÜR 2 PERSONEN

Zutaten Salat

- 140 g Nussmix, geröstet
- 2 Karotten
- 200 g Sojabohnen, tiefgekühlt (Chinashop oder TK)
- 1 kleine Dose Mais (ca. 140 g Abtropfgewicht)

Zutaten Dressing

- Ingwer nach Belieben
- 3 EL Dünne Soja Sauce
- 2 EL Reisweinessig
- 2 TL Palmzucker

Für den Salat die rohe Karotte schälen und klein würfeln. Die tiefgekühlten Sojabohnen für 5 Minuten im Wasser köcheln lassen. Danach die Bissfestigkeit testen und durch ein Sieb abgießen. Die Sojabohnen sollten noch knackig sein, um dem Salat eine vollere Konsistenz zu verleihen. Den Mais mit Wasser abspülen und abtropfen lassen. Die gerösteten Nüsse im Ganzen belassen oder grob hacken und über den Salat streuen. Alle Zutaten in ein Glas schichten.

Für das Dressing nach Geschmack Ingwer fein reiben. In einer Schüssel den Ingwer mit den restlichen Zutaten glatt rühren und in ein kleines Glas füllen. Kurz vor dem Essen das Dressing aufschütteln und danach in das Salatglas leeren.

Tipp: Damit die Sojabohnen ihre schöne grüne Farbe behalten, können sie nach dem Abgießen kurz in Eiswasser abgeschreckt werden.

Variante: Wer keine dünne Sojasauce zu Hause hat, kann auch handelsübliche verwenden; diese sollte dann aber mit Wasser verdünnt verwenden. Für das Dressing werden dann 2 EL Sojasauce, 2 EL Wasser und 4 EL Reisessig verwendet.

VARIANTE

Das Dukkah duftet wunderbar nach Orient. Wer die Schärfe nicht so gut verträgt, kann die Chilis weglassen. Noch herzhafter und kräftiger schmeckt die Mischung, wenn sie mit Haselnüssen und Pistazien anstatt den Erdnüssen und Mandelsplittern zubereitet wird.

GRÜNER-BOHNENMIX-SALAT

mit

DUKKAH

FÜR 2 PERSONEN

Zutaten Dukkah

- 35 g Erdnüsse
- 30 g Mandelsplitter
- 35 g Cashewnüsse
- 20 g Sesam
- 2 TL Knoblauchpulver
- 2 TL Kreuzkümmel
- 5 TL Koriander
- 5 TL Fenchel
- 3 getr. Chilischoten
- 3 TL grobes Salz

Zutaten Salat

- 300 g Grüne Bohnen (grün und gelb gemischt)
- ½ Zwiebel rot (etwa 40 g)
- 1 TL Olivenöl zum Anbraten

Zutaten Dressing

- 2 EL Apfelessig
- 2 EL Olivenöl
- 1 TL brauner Zucker

Zubereitung Dukkah: Erdnüsse, Mandelsplitter und Cashewnüsse auf einem Brett mit einem Messer möglichst klein hacken. Die Nüsse sollten nur gehackt und nicht gemixt oder gemörsert werden, da Nüsse durch Reibung verkleben. Alle übrigen Zutaten, ausgenommen der Sesamkörner, in einem Mörser oder in einer Kaffeemühle fein mahlen und dann zusammen mit dem Sesam unter die Nussmischung geben. Alles gut verrühren und in einer beschichteten Pfanne ohne Öl leicht Farbe nehmen lassen; alternativ die Nussmischung im Backofen rösten.

Zubereitung Salat: Für den Salat die Bohnen in ausreichend Salzwasser für 10 Minuten bissfest kochen, abseihen und kurz in Eiswasser abschrecken. Inzwischen die Zwiebel möglichst fein würfeln und in Olivenöl glasig anschwitzen. Am Ende den braunen Zucker unterrühren und schmelzen lassen. In einer Schüssel den Apfelessig und das Olivenöl miteinander verrühren, die noch heißen Zwiebeln dazugeben und gut vermischen. Die Bohnen nach dem Kochen von beiden Enden befreien und in mundgerechte Stücke schneiden. Danach zum Dressing geben und gut vermengen. Die Bohnen in die Gläser füllen und zugedeckt über Nacht im Kühlschrank ziehen lassen.

Einen (kräftigen!) Esslöffel Dukkah vor dem Essen ins Glas füllen und gut shaken.

GRAUPEN-ERBSEN-SALAT
mit
SOMMERLICHEN FRÜHLINGSZWIEBELN

Manchmal liegt die Kunst in der Einfachheit der Dinge. Graupen in Kombination mit Frühlingszwiebeln und Erbsen schmecken überraschend frisch und knackig. Als Beilage zu Gegrillten – einfach fabelhaft.

FÜR 2 PERSONEN

Zutaten Salat
100 g Graupen (Rollgerste)
2 Frühlingszwiebeln
½ Pkg kleine Tiefkühlerbsen (etwa 75 g)

Zutaten Dressing
2 EL Balsamico weiß
3 EL Olivenöl
Salz
bei Bedarf Agavendicksaft

Die Graupen für 12 Stunden in kaltem Wasser einweichen; danach das Wasser abgießen und die Graupen für 30 Minuten in Salzwasser köcheln; weitere 10 Minuten quellen lassen und die Bissfestigkeit prüfen.

Für den Salat die Erbsen zeitgerecht auftauen oder kurz in Salzwasser blanchieren. In der Zwischenzeit die Frühlingszwiebeln säubern und in feine Ringe schneiden. Alles vermengen und in Gläser füllen.

Für das Dressing die Zutaten in ein kleines Glas geben und schütteln. Bei Bedarf mit etwas Agavendicksaft nachsüßen.

Tipp: Wer gerne etwas Schärfe im Salat hat, fügt dem Dressing einfach Chili hinzu.

PILZSALAT
mit
FRISCHEN BEEREN

FÜR 2 PERSONEN

Zutaten Salat

5 weiße Champignons
2 Kräutersaitlinge
6 Shiitakepilze
2 Handvoll Jungspinat
1 Avocado
1 EL gerösteter Sesam
1 Tasse Himbeeren
Olivenöl

Zutaten Dressing

2 EL Waldhimbeeressig
3 EL Olivenöl
3 TL Feigensenf
1 TL Birkenzucker

Die Pilze mit einer Bürste von Erdrückständen oder Schmutz säubern. Die Stielenden abschneiden und die Champignons und Shiitakepilze vierteln. Die Kräutersaitlinge der Länge nach in dünne Scheiben schneiden. Den Jungspinat waschen, abtropfen und beiseite legen. Die Avocado in ein Zentimeter große Würfel schneiden.

Da nur Zuchtchampignons in kleineren Mengen auch roh gegessen werden können, sollen die Kräutersaitlinge und die Shiitakepilze in einer Pfanne angebraten werden. Erst nach etwa drei Minuten einen Teelöffel Olivenöl und etwas Salz zu den Pilzen in die Pfanne geben und weiter rösten. Auf einem Küchenpapier abtropfen und auskühlen lassen.

Zuerst die Pilze in ein Glas schichten und dann den Jungspinat und die Avocado darauf platzieren. Die Himbeeren obenauf verteilen. Zum Schluss eine Prise gerösteten Sesam drüberstreuen.

Für das Dressing alle Zutaten in einer Schüssel mit dem Schneebesen verrühren, bis es eine samtige Konsistenz erhält. Das Dressing schmeckt intensiv und hat eine leichte Schärfe.

Tipp: Die angebratenen Pilze können im Glas verschlossen über Nacht im Kühlschrank gelagert werden. Die rohen Champignons und die Avocado erst am Tag des Verzehrs klein schneiden und zum Salat geben.

MAROKKANISCHER SALAT
mit
DATTELESSIG-DRESSING

Die marokkanische Küche zählt zu den besten Küchen der Welt, abwechslungsreich und raffiniert. Hier eine Kostprobe, um sich zu fühlen wie mitten in Marrakesch auf dem Markt …

FÜR 2 PERSONEN

Zutaten Salat
- 200 g Bulgur
- 400 ml Wasser
- 1 EL Olivenöl
- 10 Cocktailtomaten
- ½ Salatgurke
- 2 EL geröstete Mandelsplitter
- 2 EL Rosinen
- ½ TL Salz

Zutaten Dressing
- 2 EL Dattelessig
- 2 EL Olivenöl
- 2 EL Agavendicksaft
- Salz

Wasser mit einem Teelöffel Salz zum Kochen bringen. Den Bulgur und einen Teelöffel Olivenöl dazugeben und gut umrühren. Deckel schließen, den Topf beiseite stellen und für 10 Minuten quellen lassen. Danach, falls erforderlich, überschüssiges Wasser abgießen und auskühlen lassen.

Für den Salat die Cocktailtomaten und die Gurke waschen. Die Cocktailtomaten vierteln. Die Gurke der Länge nach halbieren, das Kerngehäuse mit einem Teelöffel herausschaben, nochmals längs halbieren und klein würfeln. Für den Salat den Bulgur, das Gemüse, die gerösteten Mandelsplitter und die gewaschenen Rosinen mischen und in ein Glas füllen.

Für das Dressing alle Zutaten in ein kleines Glas füllen und vor dem Essen gut durchschütteln.

TIPP

Wer den Salat über Nacht im Kühlschrank aufbewahren möchte, lässt am besten die Avocado weg und schneidet sie erst am nächsten Tag direkt in das Glas.

MARONI-SPINAT-SALAT
mit
PFLAUMEN

Ausgewachsener Spinat enthält Oxalsäure, die nicht von jedermann gut vertragen wird, also lieber Babyspinat verwenden; er enthält vergleichsweise wenig Oxalsäure und ist somit leichter bekömmlich.

FÜR 2 PERSONEN

Zutaten Salat

- 60 g Babyspinat
- 5 g rote Zwiebel (ca. eine Zwiebelhälfte)
- 4 Pflaumen (200 g)
- 120 g essfertige Kastanien
- 2 EL geröstete Cashewkerne
- 1 halbe Avocado (etwas Zitronensaft zum Beträufeln)

Zutaten Dressing

- 2 EL Dattelessig
- 2 EL Olivenöl
- 1 EL Ahornsirup
- 1 TL Dijonsenf
- ½ TL Salz

Für den Salat den Spinat waschen, abtropfen lassen und beiseite stellen. Die Zwiebel möglichst klein würfeln und in etwa 3 EL Wasser glasig dünsten. Die essfertigen Kastanien gründlich abwaschen, trockentupfen und vierteln. Pflaumen in mundgerechte Stücke schneiden. Am Ende die Avocado schälen und gleich mit etwas Zitronensaft beträufeln. Die Cashewkerne in einer beschichteten Pfanne ohne Öl leicht bräunen. Alle Zutaten nach eigenem Belieben in die Gläser schichten.

Für das Dressing alle Zutaten in ein kleines Glas füllen, gut durchschütteln, damit sich eine cremige Konsistenz bildet.

Variante: Die Pflaumen können durch frische Feigen ersetzt werden. Wer keinen Babyspinat bekommt, kann diesen durch Ruccola oder Feldsalat ersetzen.

FISCH

→ Fisch ist ein wichtiger Lieferant von Omega-3 Fettsäuren. Wie variiere ich ihn schmackhaft und simpel, bodenständig oder exotisch? Ganz einfach: Tintenfisch, Lachs, geräucherte Forelle, Matjes, Gambas roh, gebraten oder gebacken mit frischen Gemüsen oder auch Früchten kombinieren, ein köstliches Dressing dazu – Shaken und Genießen! Es sind eben die einfachen Dinge, die das Leben besonders (gesund) machen.

THUNFISCH-BROT-SALAT

mit

APFEL UND HALBGETROCKNETER TOMATE

Thunfisch aus der Dose kann mit einem kleinen Handgriff erfrischend schmecken – der Klassiker unter den Salaten gehört endlich neu aufgemischt!

FÜR 2 PERSONEN

Zutaten Salat

2 Schnitten Schwarzbrot (etwa 120 g)
1 Apfel
3 Stängel Petersiliengrün
150 g Thunfisch aus der Dose
20 halbgetrocknete Tomaten (etwa 100 g)

Zutaten Dressing

4 EL Olivenöl
4 EL Dattelessig
2 EL Französischer Weinessig
1 TL Noilly Prat (reduziert)
Salz
2 EL Honig

Für den Salat das Schwarzbrot in ein mal ein Zentimeter große Würfel schneiden und in einer Pfanne mit etwas Olivenöl anrösten. Den Apfel entkernen und in ebenfalls kleine Stücke schneiden. Die Petersilie waschen, abtropfen und klein schneiden oder zupfen. Das Öl aus der Dose gießen und den Thunfisch mit der Gabel herauslösen. Die halbgetrockneten Tomaten abtupfen und zerkleinern. Alle Zutaten in ein Glas schichten, das Brot kommt zum Schluss obenauf, damit es nicht zu sehr durchweicht.

Für das Dressing alle Zutaten in eine Schüssel geben und mit dem Schneebesen cremig verrühren.
In kleine Gläser füllen und kühl stellen.

Tipp: Den Noilly Prat, der jedem beliebigen Dressing einen Extra-Geschmackskick gibt, reduziere ich bei Gelegenheit in größerer Menge im Verhältnis 3:1, fülle die Reduktion in eine verschließbare Glasflasche und bewahre diese im Kühlschrank. „Ewig haltbar“ habe ich diese Geheimzutat immer griffbereit.

Varianten: Wer zum Thunfisch gerne Zwiebeln isst, kann eine kleine Schalotte fein schneiden und zum Salat geben.
Zusätzlich würden Oliven und Kapern geschmacklich sehr gut zum Salat passen!

Alternative: Der französische Weinessig kann gerne durch einen weißen Balsamicoessig ersetzt werden.

THUNFISCHTARTAR
mit
MANGO UND AVOCADO

FÜR 2 PERSONEN

Zutaten Salat
1 Schnitte Tuna in Sushi-Qualität (in etwa 30 dag)
1 Avocado
1 Mango
2 Jungzwiebeln

Zutaten Dressing
je nach Schärfe ca. 1 TL Wasabipaste oder Wasabipulver
1 EL Sojasauce
1 TL Fischsauce
Saft einer Limette

Für den Salat den rohen Thunfisch von Sehnen befreien und fingerdick würfeln. Die Mango schälen und in genauso große Stücke schneiden, Jungzwiebeln waschen, abtropfen und in feine Ringe schneiden. Die Avocado entkernen, aus der Schale lösen und kurz vor dem Servieren in passende Stücke zerteilen. Alles gut vermengen.

Für das Dressing Wasabipaste nach eigenem Schärfewunsch dosieren; Wasabipulver vor Gebrauch mit entsprechend Wasser anrühren. Wasabi mit Soja- und Fischsauce sowie dem Saft einer Limette in ein Glas füllen und das Dressing gut schütteln.

Tipp: Für die Zugabe des Dressings gibt es hier zwei Möglichkeiten: Das Dressing kann schon mindestens 15 Minuten vor dem Verzehr mit dem Salat vermengt werden; der Fisch gart mit Hilfe der Limettensäure (Ceviche). Oder mariniert den Salat à la minute und genießt den Thunfisch roh.

GERÄUCHERTE FORELLE

ein

HEIMISCHER KLASSIKER IM GLAS

Forellen sind – frisch gefangen und geräuchert – gerade im Sommer auf dem Speiseplan eine exzellente Köstlichkeit. Wir haben sie meist frisch direkt am Attersee gekauft und gleich abends dann genossen: Dieser Salat vereint für mich also Kindheitserinnerungen und neue Essgewohnheiten. Den charakterstarken leicht bitteren Geschmack des Radicchio sowie des Fenchels habe ich erst in den letzten Jahren wirklich zu schätzen gelernt …

FÜR 2 PERSONEN

Zutaten Salat	*Zutaten Dressing*
4 Blätter Radicchio	8 EL Birnensaft
½ Fenchel	2 Prisen Salz
1 Birne	2 EL Olivenöl
2 EL Mandelblättchen	1 EL Balsamicoessig
1 geräuchertes Forellenfilet (etwa 120 g)	

Für den Salat die Radicchioblätter waschen, abtropfen lassen, den Strunk herausschneiden und in ein Zentimeter breite Streifen schneiden. Wer möchte, kann die Blätter auch in mundgerechte Stücke reißen. Den Fenchel und die Birne in der Mitte einmal durchschneiden und den Strunk entfernen, beides in dünne Streifen bzw. in kleine Stücke schneiden. Für die gerösteten Mandelplättchen eine beschichtete Pfanne langsam heiß werden lassen und unter Beobachtung goldbraun rösten. Das Forellenfilet von Gräten befreien und mit den Fingern in mundgerechte Stücke reißen.

Für das Dressing alle Zutaten in eine kleine Schüssel geben und mit dem Schneebesen cremig rühren. Den Salat schichten und das Dressing separat in einem Glas aufbewahren.

TIPP

Die Bitterstoffe im Radicchio und im Fenchel unterstützen unseren Körper beim Abnehmen. Die Bitterstoffe im Essen fördern die Aufnahme von Eisen und Vitamin B12 und der fettlöslichen Vitamine.

MATJESSALAT
mit
APFEL UND DILL

Die einen lieben ihn, die anderen nicht: Der salzige Eigengeschmack von Matjes spaltet buchstäblich die Gaumen. Das intensive Aroma lässt sich delikat mit frischen Kräutern und verschiedensten Zutaten kombinieren. Und mit einem süß-säuerlichen Apfel und der Schärfe einer Frühlingszwiebel schmeckt dieser Salat überraschend frisch.

FÜR 2 PERSONEN

Zutaten Salat

- 1 Apfel, süß-säuerlich
- 2 festkochende Kartoffeln
- 1 Frühlingszwiebel
- 4 Matjesfilets (etwa 200 g Abtropfgewicht)
- 2 Stängel Dill

Zutaten Dressing

- Saft einer Zitrone
- 2 EL Olivenöl
- 1 TL Honig
- 1 TL Dijon Senf
- Salz

Für den Salat die Kartoffeln bissfest kochen, schälen und in ein Zentimeter große Würfel schneiden. Die Frühlingszwiebel waschen, abtrocknen und in feine Ringe schneiden. Die Matjesfilets aus dem Öl nehmen und auf einem Küchenpapier gut abtropfen lassen. Die Filets der Länge nach halbieren und in ein Zentimeter große Stücke zerteilen. Den Apfel entkernen und schälen und ebenfalls in kleine Stücke schneiden. Je nach Geschmack eine beliebige Menge fein gehackten Dill unter den Salat mischen.

Für das Dressing alle Zutaten in eine kleine Schüssel geben. Mit einem Schneebesen cremig schlagen und in ein kleines Glas füllen.

Alternative: Eine überraschend abwechslungsreiche Alternative stellt die Kombination des Matjes mit einer reifen Mango statt des Apfels und Koriander anstatt des Dills dar. In dieser Variante kann sogar auf die Kartoffel verzichtet werden. Die Frühlingszwiebel verleiht auch hier dem Salat eine angenehme Schärfe. Optisch verleiht eine Prise schwarzer Sesam oder kleine Chilistückchen dem Salat einen tollen Look.

TIPP

Bei diesem Salat wird der Geschmack umso intensiver, je länger das Dressing in den Salat einziehen kann. Wer den salzigen Geschmack des Fisches etwas mildern möchte, legt den Fisch am Vortag einfach in kalter Milch ein. Die Milch entzieht dem Fisch den überschüssigen Salzgehalt.

GRÜNKERNSALAT
mit
RÄUCHERLACHS

Grünkern ist das unreife Dinkel-Korn, das bereits unreif geerntet, gedroschen und im Anschluss daran geröstet wird. Grünkern hat eine intensivere Farbe als der eher blasse Dinkel und enthält viele wichtige Nährstoffe; außerdem ist er auch für magenempfindliche Personen gut verdaulich. Das Aroma des Grünkerns ist angenehm nussig.

FÜR 2 PERSONEN

Zutaten Salat
- 130 g Grünkern
- 100 g Räucherlachs
- ½ Salatgurke
- 200 g Blumenkohl (Alternative: Brokkoli)

Zutaten Dressing
- 4 EL Sauerrahm
- 4 EL Dill
- 1,5 EL Zitronensaft
- Salz
- bei Bedarf etwas Süße

Grünkern in etwa 300 ml gesalzenem Wasser für zirka 45 Minuten weichköcheln. Beiseite stellen und auskühlen lassen. Die halbe Salatgurke waschen, in der Mitte halbieren und mit dem Löffel die Kerne herausschaben. Die Gurkenhälften der Länge nach halbieren und in ein Zentimeter dicke Scheiben schneiden. Den Blumenkohl waschen und die Röschen in kleine Stücke brechen. Den Räucherlachs in mundgerechte Stücke reißen und obenauf schichten.

Für das Dressing alle Zutaten zusammenmischen, in ein Glas füllen und gut durchschütteln.

Alternative: Wer den Blumenkohl roh nicht gut verträgt, sollte diesen kurz in Salzwasser blanchieren und danach mit einer kleinen Schnitte Butter in einer Pfanne Farbe nehmen lassen.

TINTENFISCH-SALAT
mit
PAPRIKA TRICOLORE

Das Vorurteil, ein Tintenfisch sei zäh und würde nach Schuhsohle schmecken, ist lange überholt. Wer jemals einen butterzarten Tintenfisch gegessen hat, reiht diesen Genuss unter seine persönlichen Favoriten. Tintenfisch bietet gerade im Sommer eine frische Abwechslung zu Fleisch- oder Käsebeilagen im Salat.

FÜR 2 PERSONEN

Zutaten Salat	*Zutaten Dressing*
½ Tintenfisch im Ganzen gekocht (oder 5 Fangarme)	2 TL Zitronensaft
½ roter Paprika	2 EL Olivenöl
½ oranger Paprika	Salz
½ gelber Paprika	
2 Jungzwiebeln	

Für den Salat den gekochten Tintenfisch gut abspülen und mit einem Küchenpapier trockentupfen. Danach die Tintenfischarme von der gallertigen Schicht befreien und danach in mundgerechte Stücke schneiden. Die Paprika und die Jungzwiebeln waschen und abtrocknen. Die Paprika in ein mal ein Zentimeter große Stücke und die Jungzwiebel in feine Scheiben schneiden.

Für das Dressing den Zitronensaft mit dem Olivenöl in ein kleines Glas geben und je nach Geschmack salzen. Die angegebene Menge ist für zwei Portionen gedacht. Vor dem Genießen des Tintenfischsalates das Dressing kräftig schütteln, damit sich die Zutaten miteinander gut verbinden. Um den Geschmack aller Komponenten zu verstärken, darf bei diesem Salat das Dressing gerne etwas länger einziehen.

Alternative: Dieser Salat funktioniert auch wunderbar mit in feine Streifen geschnittenen Calamaretti, die zuvor kurz in Olivenöl angebraten wurden.

TIPP

Wer keinen Fischhändler um die Ecke hat, kann den Tintenfisch auch in jeder Supermarkt-Fischabteilung bestellen; teilweise werden die Tintenfischarme auch in kleineren Mengen verpackt in der Feinkostabteilung angeboten.

TIPP

Das Fruchtfleisch der Ananas enthält eigentlich schon alle Bestandteile eines außergewöhnlich guten Dressings. Es ist sauer und süß, cremig und wässrig zugleich. Manchmal benötigt es eben nur wenige Bestandteile …

GAMBAS-ANANAS-SALAT
mit
STANGENSELLERIE

Die als Gambas bezeichneten Riesengarnelen gehören ohne Zweifel zu unseren kulinarischen Highlights. In meiner Salatvariante bieten diese köstlichen Meerestiere puren mediterranen Genuss mit einem exotischen Kick.

FÜR 2 PERSONEN

Zutaten Salat	*Zutaten Dressing*
250 g Ananas	80 g Ananas
4 Gambas	1 TL Olivenöl
4 Stangen Stangensellerie	Salz
1 TL Sonnenblumenöl	

Ananas klein würfeln und in Gläser füllen, davon 80 g für das Dressing beiseite stellen. Den Stangensellerie waschen, die Enden abschneiden und danach die Stiele in ein Zentimeter lange Stücke schneiden. Diese auf die Ananas im Glas schichten. Für die Gambas das Sonnenblumenöl erhitzen und diese darin von beiden Seiten für zwei Minuten braten.

Für das Dressing lediglich die Ananasstücke in eine hohes Gefäß füllen und mit dem Mixstab fein pürieren. Mit einem Esslöffel Olivenöl und einer Prise Salz abschmecken. Ein besonders schnelles und dabei so köstliches Rezept!

TIPP

Ausgezeichnete Meeresfischqualität ist in einem Binnenland wie Österreich schwer zu bekommen; gute Qualität einfach bei Gelegenheit in größeren Mengen einkaufen und portionsweise einfrieren.

THAI-NOODLE-SALAT
mit
LACHS IM SESAMMANTEL

Dieser leichte asiatische Nudelsalat ist süß, sauer, frisch und hat eine schöne Fruchtigkeit – einfach alles, was Lust auf Mehr macht!

FÜR 2 PERSONEN

Zutaten Salat
2 Lachsfilets (in etwa 180 g)
1 große Karotte (in etwa 90 g)
¼ kleiner Krautkopf (in etwa 150 g)
1 Mango
2 Frühlingszwiebeln
100 g Eiernudeln
schwarzer Sesam
Koriandergrün
Sonnenblumenöl

Zutaten Dressing
2 EL Sojasauce
6 TL Limettensaft
3 EL Sonnenblumenöl

Für den Salat die Eiernudeln in Salzwasser bissfest kochen, abseihen und mit etwas Sojasauce und Sonnenblumenöl vermengen. Die Karotte schälen und in zwei Zentimeter lange Stifte schneiden. Vom Kraut die äußeren Blätter und den Strunk entfernen und in feine Streifen schneiden. Die Mango schälen, entkernen und in mundgerechte Stücke schneiden. Die Frühlingszwiebeln waschen und in Ringe schneiden. Das geschnittene rohe Gemüse unter die Nudeln mischen.

Für das Fischtopping den Lachs von seinen Gräten und der Haut befreien und in zwei mal zwei Zentimeter große Würfel schneiden. Die Filets salzen und in schwarzem Sesam wälzen. In einer beschichteten Pfanne Sonnenblumenöl erhitzen und den Fisch auf kleiner Stufe langsam braten. Das Öl nicht zu heiß werden lassen, da ansonsten der Sesammantel verbrennt. Den goldbraun gebratenen Lachs auf ein Küchenpapier legen und gut abtropfen lassen. Die Fischwürfel oben auf den Salat schichten und den Salat mit gewaschenen Korianderblättern verzieren.

Für das Dressing die Zutaten in ein Glas geben und kurz vor dem Essen kräftig aufgeschüttelt über den Salat leeren.

FISH AND CHIPS
im
GLAS!

Dieser Salat erinnert an London und die große Auswahl an herrlichen Fish and Chips-Läden. Aber warum nicht einmal ganz anders ...

FÜR 2 PERSONEN

Zutaten Salat

1 Dorschfilet

½ kleine Pkg tiefgekühlte Erbsen

1 Frühlingszwiebel

4 Kartoffeln, festkochend (etwa 40 g)

Für die Panade

1 Ei

Brösel

Mehl

Salz

Zutaten Dressing

⅛ Zwiebel

1 TL Currypulver

1 Messerspitze Kardamon, gemahlen

4 EL Apfelmus, ungesüßt

1 TL brauner Zucker

1 EL Balsamico Essig, weiß

1 EL Olivenöl

2 TL Sauerrahm

Salz

Für den Salat die Kartoffeln bissfest kochen. Währenddessen die Zwiebel möglichst klein schneiden und in eine Schüssel geben. Die Erbsen in eine Schüssel leeren und auftauen lassen. Von der Frühlingszwiebel die Enden abtrennen und danach in feine Ringe schneiden.

Für das Dressing die restlichen Zutaten dem Zwiebel beimengen und mit einem Löffel cremig rühren.

Die Kartoffeln abseihen, heiß schälen und in dünne Scheiben schneiden. Vorsichtig mit dem Dressing, den Erbsen und den Frühlingszwiebelringen vermengen.

Für den gebackenen Fisch das Dorschfilet in fingerdicke, mundgerechte Stücke schneiden und wenn notwendig von Gräten befreien. Die Fischfilets leicht salzen. Auf drei kleinen Tellern jeweils das Mehl, das Ei und die Brösel verteilen. Den Fisch panieren und von beiden Seiten in Sonnenblumenöl goldbraun backen. Danach auf ein Küchenpapier geben und abtropfen lassen.

TIPP

Den Fisch und den Kartoffelsalat separat voneinander aufbewahren, da die Panade sonst zu weich werden kann. Den Fisch je nach Geschmack vor dem Essen mit einem Spritzer Zitrone beträufeln.

FLEISCH

→ Fleisch saftig, warm und duftend! Nichts lässt uns das Wasser im Mund so sehr zusammenlaufen wie knuspriger Speck, ein saftiges Huhn, feinster Prosciutto, robuste Blutwurst oder einfach ein Rinderfilet. Für die Fleischtiger unter uns hier die herzhaftesten und g'schmackigsten Shaking Salad-Variationen.

WURSTSALAT
à la
MAMA

Seit ich denken kann, fahren wir jeden Sommer an den Attersee baden. Zum Mittagessen gab es oft gekühlten Wurstsalat mit frischem Gebäck. Bei meiner Mama schmeckt es natürlich immer am besten ...

FÜR 2 PERSONEN

Zutaten Salat
- 10 dag Leberkäse geschnitten
- 10 dag Gouda geschnitten
- 1 roter Paprika
- 1 gelber Paprika
- ⅛ rote Zwiebel
- 1 Knoblauchzehe
- 1 hart gekochtes Ei für die Dekoration

Zutaten Dressing
- 3 EL Balsamico Essig
- 2 EL Olivenöl
- Salz
- Pfeffer

Knoblauchzehe und Zwiebel schälen und möglichst klein würfeln. Beides in eine Schüssel geben und mit einem Esslöffel Olivenöl verrühren. Wer möchte, kann die braune Kruste vom Leberkäse wegschneiden. Danach den Leberkäse und den Gouda in ein mal drei Zentimeter lange Streifen schneiden. Die Paprika waschen, entkernen und in ebenso große Stücke schneiden. In der Zwischenzeit das Ei hart kochen und auskühlen lassen, danach vierteln.

Für das Dressing die Zutaten in eine Schüssel geben und mit dem Schneebesen gut mischen, in Gläser füllen und kaltstellen.

Variante: Der Leberkäse kann auch durch eine andere Wurstsorte ersetzt werden, oder eine würzigere Käsesorte gibt diesem Salat eine intensivere Note. Im Sommer mische ich auch gerne halbierte Cocktailtomaten und frischen Schnittlauch unter den Salat.

COLESLAW

KRAUTSALAT MIT HÄHNCHEN

FÜR 2 PERSONEN

Zutaten Salat
1 Karotte
¼ Weißkraut
¼ Rotkraut
2 Orangen
1 Hühnerfilet
1 Knoblauchzehe
Ingwer nach Belieben
Koriandergrün oder Petersilie

Zutaten Dressing
1 Avocado
3 EL Sauerrahm
etwas Orangensaft
½ TL Salz

Für den Salat eine Knoblauchzehe schälen und zerdrücken. Den Ingwer schälen und fein reiben oder mit einem Messer schaben. Eine beschichtete Pfanne mit einem Esslöffel Öl erhitzen und den Knoblauch und den Ingwer anbraten. Das Hühnerfilet in mundgerechte Stücke schneiden und dazu in die Pfanne geben. Das Fleisch goldbraun braten, herausnehmen und auf einem Küchenpapier gut abtropfen lassen. Die Karotte schälen und in feine Stifte schneiden. Das Kraut von den äußeren Blättern befreien, den Strunk entfernen und die Blätter feinnudelig schneiden. Den Koriander waschen und abtropfen lassen. Orangenfilets vorbereiten, dabei den Saft für das Dressing auffangen und beiseite stellen.

Für das Dressing die Avocado halbieren, entkernen und das Fruchtfleisch herauslösen. In einem Gefäß mit Sauerrahm pürieren und die samtige Creme mit Salz und Orangensaft abschmecken.

SCHWARZWURZEL-SPECK-SALAT
mit
FRISCHEN ZWETSCHGEN

Altes Gemüse, neu entdeckt: in Verbindung mit herzhaftem Speck und Zwetschgen – eine ideale Kombination! Und gewusst wie gelingt die Zubereitung der Schwarzwurzel ganz einfach.

FÜR 2 PERSONEN

Zutaten Salat
- 3 Stangen Schwarzwurzel
- 6 Zwetschgen
- 5 dag Karreespeck, geschnitten
- Saft einer Zitrone
- ¼ l Milch
- ¼ l Wasser

Zutaten Dressing
- 2 EL Weißweinessig
- 3 EL Sauerrahm
- 1 Msp Kümmel
- Salz

Die Schwarzwurzeln schälen und in ein Zentimeter lange Stücke schneiden. Die Schwarzwurzelstücke nach dem Schälen sofort in Zitronenwasser legen, um eine bräunliche Verfärbung zu vermeiden. Milch und Wasser zum Kochen bringen, die Schwarzwurzelstücke darin je nach Dicke in etwa 10–15 Minuten köcheln lassen.

Die Zwetschgen entsteinen und achteln. Den aufgeschnittenen Karreespeck auf ein Backpapier legen und für 10 Minuten im Backofen bei 180 Grad Heißluft backen, bis er sich wölbt und knusprig wird.

Für das Dressing alle Zutaten in eine kleine Schüssel geben und gut verrühren. Danach in kleine Gläser füllen, shaken und bis zum Essen kaltstellen. Kurz vor dem Servieren nochmals aufschütteln.

Tipp: Beim Schälen der Schwarzwurzeln Einweghandschuhe tragen, um braune klebrige Finger zu vermeiden.

BEST OF GREECE IM GLAS

Den Genuss von traditionell griechischem Essen lieben wir alle!

FÜR 2 PERSONEN

Zutaten Salat
½ rote Zwiebel
½ Gurke
12 Cocktailtomaten, bunt
½ Pkg Schafskäse (etwa 100g)
8 entkernte schwarze Oliven

Zutaten Souvlaki
200 g Schweinefleisch (Schweineschnitzelfleisch im Ganzen)
1 Rosmarinzweig
3 EL Wasser zum Anbraten
Salz

Zutaten Tsatsiki-Dressing
½ Gurke
1 Knoblauchzehe
200 g Griechischer Joghurt
4 Stängel Dill
Salz

Die rote Zwiebel in dünne Streifen schneiden, Cocktailtomaten waschen und halbieren, Gurke in fingerdicke Scheiben schneiden. Die Oliven mit einem Küchenpapier abtrocknen. Alle Zutaten nach der eigenen Farbvorstellung in ein Glas schichten.

Für das Souvlaki drei Esslöffel Wasser zum Kochen bringen. Das Fleisch in mundgerechte Würfel schneiden und zuerst auf einer Seite andünsten, wenden, salzen und etwas gehackten Rosmarin dazugeben. Die Hitze der Platte auf die kleinste Stufe drehen und das Fleisch fertig braten lassen.

Für das Tsatsiki die geschälte Gurke möglichst klein würfeln oder grob reiben und in ein feines Sieb geben. Gut einsalzen und nach einer Stunde kräftig ausdrücken. Durch das Abfließen des Wassers wird der besondere Eigengeschmack der Gurke erst wirklich intensiviert.

Für das Dressing den Joghurt mit der zerdrückten Knoblauchzehe, den abgetropften Gurkenstücken und dem fein gehackten Dill vermengen und mit Salz abschmecken. Danach das Dressing in ein kleines Glas füllen. Kali orexi!

Tipp: Beim Braten von Schweinefleisch verwende ich bewusst kein Öl, da ohnehin überschüssiges Fett aus dem Fleisch austritt.

VARIANTE

Mit jeweils einer Messerspitze Kreuzkümmel und Zimt bekommt man einen kleinen orientalischen Touch in das Tsatsiki.

RINDERFILETSTREIFEN
auf
GLASNUDEL-KORIANDER-SALAT

Dieser köstliche Shaking Salad ist eines meiner Ratzfatz-Highlights! Zarte Rinderfiletstreifen und die Kombination aus den leichten Glasnudeln, der Schärfe des Ingwers und dem unverwechselbaren Geschmack des Korianders – am liebsten noch lauwarm. Also gleich!

FÜR 2 PERSONEN

Zutaten Salat	*Zutaten Dressing*
300 g Rinderfilet	3 EL Dünne Soja Sauce
2 EL Rapsöl	3 EL Dunkle Soja Sauce
100 g Glasnudeln	2 EL Oyster Sauce
20 Blätter Koriander	1,5 Limetten ausgepresst
1 EL Sesam geröstet	1 EL Rapsöl
1 EL rote Pfefferkörner	1 TL Palmzucker
Ingwer nach Belieben	

Die Glasnudeln weichkochen oder überbrühen. Abseihen und mit etwas Rapsöl mischen, beiseite stellen und auskühlen lassen. Das Rinderfilet in Streifen schneiden. Den klein geschnittenen Ingwer kurz anbraten, Fleisch dazugeben und eine Minute von jeder Seite scharf anbraten, bis es außen braun und innen noch roh ist. Fleisch in ein Stück Alufolie packen und rasten lassen.

Für das Dressing alle Saucen zum Bratenrückstand in die heiße Pfanne gießen und für eine Minute reduzieren lassen. Das Fleisch aus der Folie nehmen und zurück in die Pfanne geben, gut durchmischen. Danach die Glasnudeln unter das Fleisch mengen. Den Koriander waschen, abtropfen und cirka 20 Blätter abzupfen.

Die Mischung aus Nudeln und Fleisch in ein Glas füllen. Gerösteten Sesam, Koriander und rote Pfefferkörner darauf verteilen.

Für das Dressing die Limette ausdrücken und mit 1 EL Rapsöl vermischen. Bei Bedarf das Dressing mit einem Teelöffel Palmzucker süßen. Vor dem Essen das Dressing erneut aufschütteln und über den Salat gießen.

TIPP

Immer wenn ich in meiner Küche eine Tomatensauce koche, verwende ich einen Streifen Alufolie zur Abtrennung zwischen Pfanne und Mauer. Dadurch erspare ich mir das mühsame reinigen der Tomatenspritzer nach dem Kochen.

DER SÜDEN IM GLAS
mit
TOMATENDRESSING

Dieser Salat erinnert mich an unsere Sommerurlaube in Italien. Nur reife Tomaten sind saftig und geschmacksintensiv. Die Auswahl auf Märkten in südlichen Ländern Europas ist wunderbar und inspirierend ...

FÜR 2 PERSONEN

Zutaten Salat
2 Hühnerfilets (etwa 200 g)
50 g Parmesan
2 Handvoll gemischten Blattsalat
10 Basilikumblätter
10 schwarze Oliven ohne Kern

Zutaten Dressing
6 Cocktailtomaten
4 eingelegte, halbgetrocknete Tomaten
¼ Liter Tomatensauce mit Kräutern
½ Zwiebel (etwa 40 g)
1 Knoblauchzehe
1 EL Spaghetti-Bolognese-Gewürz
1 TL Zucker
Ingwer nach Belieben
Salz

Den gemischten Blattsalat und die Basilikumblätter waschen und gut abtropfen lassen; die Salatblätter in mundgerechte Stücke reißen bzw. das Basilikum schneiden. Die Oliven halbieren und beiseite legen.

Die Hühnerfilets würfelig schneiden und in einer Pfanne mit einem Esslöffel Olivenöl von allen Seiten goldbraun anbraten. Auf einem Küchenpapier abtropfen und auskühlen lassen. Den Parmesan grob reiben oder in feine Stücke brechen. Alle Zutaten nach eigenem Belieben in ein Glas schichten.

Für das Dressing die Zwiebel und den Knoblauch schälen und klein würfeln. Beides in einer Pfanne mit einem Esslöffel Olivenöl anbraten. Die Cocktailtomaten waschen, halbieren und mit den halb getrockneten Tomaten und der Tomatensauce in die Pfanne geben. Die Gewürze und den geriebenen Ingwer dazugeben. Gut durchrühren und für mindestens 30 Minuten köcheln lassen. Danach das Dressing in ein Glas füllen. Mir persönlich schmeckt der Salat mit einem warmen Dressing am allerbesten! Wärmt am nächsten Tag das Dressing und die Hühnerfilets einfach kurz auf und schüttelt den Salat erst dann durch.

GEBACKENE HÜHNERFILETS
mit
BÄRLAUCH-KARTOFFELSALAT

FÜR 2 PERSONEN

Zutaten Salat
2 Hühnerfilets (etwa 200 g)
5 festkochende Kartoffeln
20 Bärlauchblätter
2 Handvoll Feldsalat
1 Lorbeerblatt
Salz

Zutaten Dressing
1 TL Bio-Suppenpulver
3 EL Balsamico, weiß
3 EL Olivenöl
⅛ Zwiebel
1 TL Honig
1 TL Dijonsenf
⅛ Liter Wasser
½ TL Salz

Für die Panade
1 Ei
Mehl
Brösel
Rapsöl

Für den Salat die Kartoffeln in ausreichend Wasser mit einem Lorbeerblatt bissfest kochen. Heiß schälen und in feine Scheiben schneiden. Dann das Dressing zubereiten. Dazu ⅛ Liter Wasser zum Kochen bringen und das Suppenpulver darin auflösen. Die Flüssigkeit in eine große Schüssel füllen. Mit Balsamico, Olivenöl, Honig, Dijonsenf, Salz und dem klein geschnittenen Zwiebel abschmecken und gut verrühren. Die heißen Kartoffelscheiben dazugeben, vorsichtig untermengen. Dieser Shaking Salad sollte für mindestens eine Stunde in der Marinade durchziehen, um den Geschmack der Kartoffeln zu intensivieren.

Den Bärlauch waschen und abtropfen lassen. Die Blätter in feine Streifen schneiden und unter den Salat mischen. Den Feldsalat waschen und abtropfen. Mit den Fingern die Enden abdrehen, um lose Blätter zu erhalten. Zuerst den Kartoffelsalat in ein Glas füllen und darauf den Feldsalat schichten.

Die Hühnerfilets in mundgerechte Würfel schneiden und leicht salzen, panieren und goldbraun braten; danach auf einem Küchenpapier abtropfen lassen und oben in das Glas schichten.

TIPP

Die ganzen Blätter des Bärlauchs können während der Saison gepflückt und eingefroren werden. Am besten die Blätter im Ganzen nebeneinander in eine Frischhaltebox legen, damit sie nicht zusammenkleben. Somit ist das frische Grün ganzjährig griffbereit.

BLUTWURST-SPARGEL-SALAT
mit
RHABARBERDRESSING

FÜR 2 PERSONEN

Zutaten Salat
- 1 Blutwurst (in etwa 150 g)
- 4 Stangen grüner Spargel
- 1 Frühlingszwiebel
- 2 festkochende Kartoffeln
- 1 kleines Stück Butter
- 1 TL Staubzucker

Zutaten Dressing
- 3 Stangen Rhabarber
- 1,5 EL brauner Zucker
- ½ Liter Wasser
- 2 Streifen Zitronenschale
- 1 EL Himbeersirup
- 1 EL Zitronensaft
- 1 TL Dijonsenf
- Salz

Für den Salat die Blutwurst in ein Zentimeter dicke Scheiben schneiden und in einer Pfanne ohne Öl von beiden Seiten anbraten. Auf einem Küchenpapier abtropfen lassen. Die Kartoffeln bissfest kochen, heiß schälen und in ein Zentimeter große Würfel zerteilen. Die Frühlingszwiebel in feine Ringe schneiden. Den Spargel schälen, die holzigen Enden abtrennen und die Stangen in drei Zentimeter lange Stücke schneiden. Eine Pfanne mit einem Teelöffel Staubzucker erhitzen, die Spargelstücke dazugeben und mit drei Esslöffel Wasser aufgießen. Die Pfanne mit einem rund geschnittenen Backpapier bedecken und für wenige Minuten bissfest garen. Zum Schluss den Spargel mit einer Prise Salz und einer Butterflocke verfeinern und auskühlen lassen.

Für das Dressing den Rhabarber sorgfältig schälen und würfeln. Das Wasser mit dem Zucker, den Zitronenschalen und einem Esslöffel Himbeersaft in einem Topf aufkochen. Der Himbeersaft verleiht dem Dressing eine schöne, rote Farbe. Den Rhabarber dazugeben und für 3–5 Minuten einkochen lassen. Diesen durch ein feines Sieb abseihen und die Flüssigkeit in eine Schüssel gießen. Danach die Flüssigkeit zurück in den Topf leeren und einreduzieren lassen.

Für das Dressing werden zirka 100 ml reduzierte Flüssigkeit benötigt. Dafür zwei Esslöffel gekochte Rhabarberstücke, den Zitronensaft, den Dijonsenf und eine Prise Salz in ein Glas geben und kräftig durchschütteln.

TIPP

Durch das Backpapier kann der Wasserdampf entweichen und der Spargel wird auf diese Weise schonend dampfgegart. Vorsicht mit Backpapier auf Gasöfen, dieses kann leicht Feuer fangen.

BUNTER SPARGELSALAT
mit
LUFTGETROCKNETEM PROSCIUTTO

FÜR 2 PERSONEN

Zutaten Salat
- 5 Stangen grüner Spargel
- 5 Stangen weißer Spargel
- 1 Mozzarella
- 4 Scheiben Prosciutto
- 1 TL Puderzucker
- Salbeiblätter
- etwas Wasser
- Salz

Zutaten Dressing
- 2 EL Olivenöl
- 2 EL Balsamico weiß
- Salz
- Zucker

Für den Salat den weißen und den grünen Spargel mit dem Gemüseschäler schälen. Von den Enden das holzige Stück abschneiden. In einer beschichteten Pfanne einen Teelöffel Puderzucker langsam schmelzen lassen, die cirka zwei Zentimeter großen Spargelstücke darin kurz schwenken und mit etwas Wasser ablöschen.

Mein persönlicher Trick: Die Pfanne mit einem Backpapier bedecken und den Spargel darin einige Minuten bissfest garen, siehe auch auf den Seiten 112/113. Den Spargel teste ich immer wieder mit der Gabel, ob dieser schon bissfest ist. Zum Schluss den Spargel mit einer Prise Salz würzen und aus der Pfanne nehmen. Die Salbeiblätter in etwas Öl kross anbraten. Diese auf ein Küchenpapier geben und gut abtropfen lassen. Den Mozzarella in ein mal ein Zentimeter dicke Würfel schneiden.

Den Salat in einem Glas schichten und mit fein geschnittenem Prosciutto garnieren. Die gebratenen Salbeiblätter verleihen dem Salat einen extra Crunch und tollen Geschmack.

Für das Dressing alle Zutaten mit dem Schneebesen verrühren. In ein Glas abfüllen und vor dem Servieren kurz aufschütteln. Das Dressing über den Salat leeren und diesen (diesmal) vorsichtig shaken, da der Spargel nicht beschädigt werden soll.

Variante: Die vegetarische Alternative ohne Prosciutto schmeckt übrigens genauso gut!

ENTE PAK CHOI
mit
PHYSALIS

FÜR 2 PERSONEN

Zutaten Salat
1 Entenbrust
2 EL Sonnenblumenöl
1 kleiner Pak Choi
1 Schale Physalis (für Salat und Dressing)
1 Knoblauchzehe
Salz
Pfeffer

Zutaten Dressing
Physalis
1 EL Olivenöl
1 EL Balsamico, weiß
1 TL Honig
Salz

Die Entenbrust salzen und pfeffern und in Sonnenblumenöl von beiden Seiten mindestens zwei Minuten scharf anbraten. Den Backofen auf 200 Grad vorheizen und die Entenbrust auf dem Backrost für sieben Minuten weitergaren lassen. Danach in Alufolie einschlagen und rasten lassen.

Für den Salat den Pak Choi waschen und das untere Ende abschneiden. Die Blätter in zwei Zentimeter große Stücke schneiden. Den Knoblauch schälen und möglichst klein würfeln, in Sonnenblumenöl anbraten und den Pak Choi untermischen und für drei Minuten weiterbraten, herausnehmen und beiseite stellen. Physalis aus der Schale geben und für den Salat sechs Stück einmal in der Mitte durchschneiden und zur Seite legen. Die Entenbrust nach fünf Minuten aus der Folie nehmen und in dünne Scheiben schneiden. Den Salat in ein Glas schichten.

Für das Dressing die restlichen Physalis halbieren und in ein hohes Gefäß füllen. Die restlichen Dressingbestandteile dazugeben und mit dem Mixstab zu einer Creme pürieren.

Tipp: Dieser Salat schmeckt im warmen Zustand fast noch besser als im ausgekühlten. Er kann sowohl als Vorspeisen- wie auch als Hauptspeisensalat serviert werden. Bei der Vorspeise würde ich den Salat in vier Portionen aufteilen, da die Entenbrust rasch sättigt.

SWEET CHILI CHICKEN
mit
SCHARF-SÜSSEM DRESSING

Welcome to delicious Asia!
So rasant kann asiatische Küche sein:
in nur 20 Minuten gezaubert – und das Rezept gelingt immer.

FÜR 2 PERSONEN

Zutaten Salat	*Zutaten Dressing*
150 g Hühnerfilet	2 EL Sweet Chili Sauce
100 g schwarze Reisnudeln	1 EL Rapsöl
½ roter Paprika	1 EL Zitronensaft
½ oranger Paprika	Salz
150 g Sojabohnen (Chinashop oder TK)	
1 Karotte	
Rapsöl	
Sweet Chili Sauce	

Für den Salat das Hühnerfilet in mundgerechte Stücke schneiden. In einer Pfanne mit einem Esslöffel Rapsöl goldbraun anbraten. Das Fleisch salzen und mit etwas Sweet Chili Sauce abschmecken. In eine Alufolie gepackt rasten und auskühlen lassen.

Für den Salat die Reisnudeln in reichlich Salzwasser für cirka fünf Minuten bissfest kochen, gleichzeitig in einem zweiten Topf die gefrorenen Sojabohnen für fünf Minuten bissfest kochen. Danach beides abseihen und die Reisnudeln mit etwas Rapsöl vermischen.

Paprika waschen, entkernen und in feine Streifen schneiden. Die Karotte schälen und in ebenso feine Streifen schneiden. Alle Zutaten beginnend mit den Reisnudeln in Gläser füllen. Das Hühnerfilet zuletzt obenauf schichten.

Für das Dressing alle Zutaten in ein Glas geben und gut schütteln.

Variante: Schwarze Reisnudel können problemlos durch alle anderen Nudelsorten ersetzt werden. Ich zum Beispiel finde Eiernudeln oder ganz dünne Spaghetti hier eine sehr gute Alternative.

RINDFLEISCH-KÄFERBOHNEN-SALAT
mit
KÜRBISKERNÖL-DRESSING

FÜR 2 PERSONEN

Zutaten Salat
200 g Käferbohnen
300 g Rindfleisch vom Schulterstück
1 Frühlingszwiebel
⅓ roter Paprika
⅓ oranger Paprika
⅓ gelber Paprika

Zutaten Suppe
4 Rindermarkknochen
2 Liter Wasser
1 Karotte (etwa 50 g)
200 g Lauch
3 Petersilienwurzeln (etwa 150 g)
3 Stängel Petersiliengrün
2 Zwiebeln (etwa 400 g)
200 g Sellerie
Salz

Zutaten Dressing
4 EL Kürbiskernöl
3 EL Balsamico, weiß
½ TL Salz

Zubereitung Suppe (Vortag): Die Zwiebeln mit der Schale halbieren und mit den Schnittflächen nach unten in einen großen Topf ohne Öl legen. Den Suppentopf heiß werden lassen und die Schnittflächen wirklich kräftig dunkelbraun anbraten, die Markknochen beigeben und umrühren. Suppengrün putzen, in daumendicke Stücke schneiden und in den Topf geben. Alle Zutaten sollen mit Wasser bedeckt sein. Mindestens 2 Stunden köcheln lassen, dann abgießen und mit Salz abschmecken. Die Suppe erneut aufkochen lassen und erst dann das Fleischstück in das siedende Wasser legen. Das Fleisch sollte gänzlich mit Suppe bedeckt sein. Für eine Stunde mit geschlossenem Deckel simmern lassen; herausnehmen und über Nacht in den Kühlschrank legen.

Die eingeweichten Käferbohnen für zwei Stunden mit geschlossenem Deckel köcheln lassen, ebenfalls über Nacht in den Kühlschrank stellen.

Für den Salat das gekochte Rindfleisch in feine Scheiben schneiden. Die Paprika waschen, entkernen und klein würfeln. Die Frühlingszwiebel in feine Ringe schneiden. Den Salat in ein Glas schichten.

Für das Dressing Kürbiskernöl, Essig und Salz gut verrühren und für noch mehr herzhaften Geschmack etwas früher über den Salat gießen.

TIPP
Um die Geschmacksstoffe aus dem Gemüse und den Knochen in das Wasser zu bringen, Suppen immer erst am Schluss mit Salz abschmecken.

AUSTRIAN CLASSICS
mit
PFIFFERLINGEN UND BLAUBEEREN

Pfifferlinge (Eierschwammerl) haben eine viel zu kurze Saison, aber die kräftig gelben Pilze bleiben uns durch ihren unverwechselbaren und intensiven Geschmack im kulinarischen Gedächtnis.

FÜR 2 PERSONEN

Zutaten Salat
- 200 g festkochende Kartoffeln
- 2 Radieschen
- 1 Handvoll Ruccola
- 2 EL Speckwürfel
- 1 Handvoll Pfifferlinge
- 10 Blaubeeren
- 2 EL Sonnenblumenkerne
- Butter

Zutaten Dressing
- 2 EL Balsamico Essig, weiß
- 2 EL Kernöl
- Salz

Für den Salat die Kartoffeln bissfest kochen, schälen, in mundgerechte Stücke schneiden und mit einem Stück Butter goldbraun anbraten; etwas salzen. Die Pfifferlinge mit einem Pinsel oder Messer von Schmutz befreien und große Pilze vierteln, kleine ganz belassen. Einen Esslöffel Sonnenblumenöl in einer Pfanne erwärmen und die Pilze für eine Minute darin schwenken und abkühlen lassen.
Da Speck viel Fett enthält und dieses beim Anbraten auslässt, sollten die Speckwürfeln ohne Öl in der Pfanne braun angebraten werden. Die Radieschen waschen, abtropfen und in feine Scheiben schneiden. Den Ruccola waschen und von den langen unter Umständen holzigen Stängeln befreien. Die Blaubeeren waschen und abtropfen lassen. Die Sonnenblumenkerne in einer beschichteten Pfanne ohne Öl braun rösten. Alle Zutaten nach und nach in ein Glas schichten. Eine mögliche Reihung wäre: Kartoffeln, Radieschen, Speck, Ruccola, Pfifferlinge, Blaubeeren, Sonnenblumenkerne ...

Für das Dressing alle Zutaten in ein kleines Glas geben und gut durchschütteln.

TIPP

Dieser Salat sollte am Tag der Zubereitung noch verzehrt werden, da geschälte Kartoffeln über Nacht Giftstoffe entwickeln können. Alternativ können die Kartoffeln auch am Vortag gekocht, jedoch nicht geschält werden. Den restlichen Salat könnt ihr am Vortag zubereiten, in ein Glas schichten und im Kühlschrank kaltstellen.

SÜSS

→ Hier sammle ich einfach, schnell und unkompliziert unsere süßen Glücklichmacher, wie zum Beispiel links auf dem Bild das himmlisch schmeckende Apfel-Preiselbeer-Tiramisu. Die Zeit ist reif für die Früchte der Saison, ein molliges Matcha-Joghurt, ein Potpourri aus allerlei Beeren und den knusprigen Zwetschgen-Mohn-Crumble ... lasst Euch verführen!

APFEL-PREISELBEER-TIRAMISU

Dieses Tiramisu schmeckt nicht nur himmlisch, es sieht auch luftig leicht aus. Die Preiselbeeren verleihen dem Dessert eine feine herbe Note, und das Apfelmus zaubert dazu den Sommer ins Glas …

FÜR 2 PERSONEN

Zutaten Apfelmus

- 2 Äpfel
- 100 ml Wasser
- 1 TL brauner Zucker
- 1 Stange Zimt

Zutaten Tiramisu

- ⅛ l Apfelsaft
- 30 g Löffelbiskuit
- 100 ml Schlagsahne
- 100 g Marscapone
- 2 TL brauner Zucker
- 4 TL Preiselbeerkonfitüre

Für das Apfelmus die Äpfel schälen, entkernen und würfeln. Das Wasser mit einem Teelöffel braunen Zucker und den Apfelwürfeln zum Kochen bringen. Eine Stange Zimt dazugeben und den Deckel schließen. Nach 10 Minuten köcheln den Zimt herausnehmen und das Apfelkompott durch ein feines Sieb abgießen. Die gedünsteten Apfelstücke zu Mus pürieren und auskühlen lassen.

Für die Creme die Schlagsahne steif schlagen und mit zwei Teelöffeln braunem Zucker süßen. Den Mascarpone vorsichtig unter die Schlagsahne heben. Danach die erste Schicht Creme in das Glas füllen.

Für das Tiramisu den Apfelsaft in eine kleine Schüssel füllen. Den Löffelbiskuit in Stücke brechen und kurz von beiden Seiten in den Apfelsaft tunken und gleich in das Glas füllen.

Als nächste Schicht folgt das Apfelmus. Vier Löffel Preiselbeerkonfitüre aus dem Glas in eine kleine Schüssel füllen und mit einem Teelöffel gut durchrühren. Danach die Preiselbeerkonfitüre auf dem Apfelmus verteilen. Jetzt folgt wieder eine Schicht getränktes Löffelbiskuit und zum Schluss kommt eine Schicht Creme in das Glas.

Tipp: Für Erwachsene kann ein Schuss Rum in den Apfelsaft gemischt werden. Wichtig ist, die Gläser eine halbe Stunde vor dem Servieren aus dem Kühlschrank zu nehmen, die Aromen entfalten sich wesentlich besser bei Zimmertemperatur.

Hello!
Hello!
Hello!

MATCHA-JOGHURT
mit
PFIRSICHMUS

FÜR 2 PERSONEN

Zutaten Salat

400 g griechischer Joghurt
2 Msp Matcha-Pulver zum Essen
2 Pfirsiche
1 TL Honig

Für die sanft grüne Matcha-Creme 100 g griechischen Joghurt in eine kleine Schüssel geben und mit Matcha-Pulver und Honig glatt rühren.

Für das Pfirsichmus den Pfirsich waschen, trocknen, zerkleinern, in ein Gefäß füllen und mit dem Mixstab fein pürieren. Das Fruchtmus abschmecken und bei Bedarf noch etwas süßen.

Den restlichen griechischen Joghurt in einer Schüssel gut verrühren und damit das Glas zur Hälfte füllen. Danach die Matcha-Joghurt-Mischung darauf verteilen. Es folgt eine Joghurtschicht. Diese Schichtung ergibt einen schönen weiß-grün-weißen Effekt. Das orange Pfirsichmus rundet das Dessert farblich ab.

TAPIOCA-PUDDING
mit
GRANATAPFEL-REDUKTION

Tapioka ist eine nahezu geschmacksneutrale Stärke, die aus der bearbeiteten und getrockneten Maniokwurzel hergestellt wird. Verwendet wird Tapioka vor allem in Westafrika und in der südostasiatischen Küche.

FÜR 2 PERSONEN

Zutaten Pudding
- ½ l Wasser
- 50 g Tapiocakugeln (Chinashop)
- 100 ml Kokosmilch
- 2 TL Palmzucker
- Salz

Zutaten Granatapfel-Reduktion
- 140 g Granatapfelkerne
- 100 ml Himbeersaft
- 2 EL Rum
- 1 TL Palmzucker

Für den Pudding die Tapiocakugeln in Wasser stark aufkochen lassen. Unter ständigem Rühren die Hitze zurückdrehen und für 5 Minuten köcheln lassen; auf Bissfestigkeit überprüfen und durch ein feines Sieb abseihen. Die verbliebene klebrige Masse zurück in den Topf leeren. Mit Kokosmilch aufgießen und den Palmzucker unter die Masse rühren. Den Pudding nochmals leicht erwärmen, damit sich der Palmzucker auflösen kann. Eine Prise Salz unterrühren und dann die Masse in die Gläser füllen.

Für die Granatapfel-Reduktion einen Granatapfel in der Mitte durchschneiden. Eine mittelgroße Schüssel in das Spülbecken stellen und durch Klopfen auf die Rückseite des Granatapfels die Kerne herausschlagen. Das weiße Fruchtfleisch entfernen. Zwei Esslöffel Rum in einem kleinen Topf warm werden lassen und den Teelöffel Palmzucker darin auflösen. Die Granatapfelkerne dazugeben und mit Apfelsaft aufgießen. Für die Reduktion die Flüssigkeit für wenige Minuten köcheln. Die Fruchtreduktion in ein Glas füllen und beiseite stellen.

Für das Dessert die Granatapfelreduktion über den Tapioca-Pudding gießen.

TIPP

Der Pudding hält sich hervorragend über Nacht im Kühlschrank. Die Konsistenz des Puddings wird zwar fester, doch der Geschmack verändert sich nicht.

ZWETSCHGEN-MOHN-CRUMBLE
mit
VANILLEDRESSING

Crumble bedeutet nichts anderes als Krümel und ist fixer Bestandteil der britischen und US-amerikanischen Nachspeisenküche. Crumble ist simpel herzustellen und mit Mohn und Marzipan schmeckt's besonders raffiniert …

FÜR 2 PERSONEN

Zutaten Salat
- 250 g Zwetschgen
- 1 EL brauner Zucker
- 1 TL Vanillezucker

Zutaten Crumble
- 40 g Butter, weich
- 1 EL brauner Zucker
- 2 EL Mohn
- 70 g Dinkelmehl, glatt
- 30 g Marzipan

Zutaten Dressing
- 200 ml Mandelmilch
- 1 TL Vanillezucker
- Mark einer Vanilleschote
- 1 EL Vanille-Puddingpulver

Die Zwetschgen waschen, entkernen und in mundgerechte Stücke schneiden. Danach mit dem braunen Zucker und dem Vanillezucker gut mischen. Die Früchte für fünf Minuten ruhen lassen und danach in zwei ofenfeste Gläser füllen.

Für den Crumble das Mehl und den Zucker vermengen. Butter würfeln und unter das Mehl-Zucker-Gemisch geben. Zwischen den Fingern verreiben, bis sich die trockene Masse gut mit der Butter verbunden hat. Den Mohn dazugeben und gut verkneten. Zum Schluss das Marzipan untermischen und die fertige Masse in kleinen Bröseln auf den Zwetschgen im Glas verteilen. Bei 200 Grad für 30–35 Minuten auf der mittleren Schiene backen.

Für das Vanilledressing drei Viertel der Mandelmilch mit Vanillezucker und dem Mark einer Vanilleschote aufkochen. Die restliche Mandelmilch mit dem Vanille-Puddingpulver glatt rühren und unter ständigem Rühren darin aufkochen, beiseite stellen und immer wieder rühren, bis der Pudding langsam erkaltet.

Das Vanilledressing in Gläser füllen und erst kurz vor dem Servieren über den Crumble leeren.

VARIANTE
Eine Kugel Vanilleeis ersetzt das Vanilledressing schnell und simpel.

TIPP

Chia-Samen können auch in größeren Mengen in Wasser aufgequollen werden und in einem luftdichten Glas im Kühlschrank bis zu einer Woche aufbewahrt werden. Dadurch sind die Chia-Samen jederzeit als Gelee griffbereit.

CHIA-PUDDING
mit
HIMBEEREN

Chia-Samen – Superfood der Mayas. Die kleinen Samen sind nährstoffreicher als vergleichbare Produkte in diesen Mengen. Sie spenden langanhaltend Energie und fördern die Verdauung von anderen Lebensmitteln. Chia-Samen kann sowohl roh als auch gequollen gegessen werden. Je länger sie im Wasser quellen, desto verdaulicher sind sie für den menschlichen Körper.

FÜR 2 PERSONEN

Zutaten Pudding	*Zutaten Himbeersauce*
1,5 TL rohe Chia-Samen	250 g Himbeeren
4 EL Kokosraspeln	2 TL Zucker
400 g griechischer Joghurt	
2 TL Zucker	

Die Chia-Samen in ein Wasserglas füllen und mit Wasser bedecken. Eine Stunde quellen lassen. Danach die Samen durch ein feines Sieb gießen, um das überschüssige Wasser abfließen zu lassen. Den griechischen Joghurt in eine Schale geben und mit zwei Teelöffel Zucker und den Kokosraspeln vermischen. Die Chia-Samen mit dem Joghurt vermengen. Himbeeren in ein hohes Gefäß geben, zwei Teelöffel Zucker dazu und mit dem Mixstab fein pürieren. Zuerst die Chia-Joghurt-Mischung in die Gläser einfüllen, danach die Himbeersauce darauf leeren.

EXOTISCHER OBSTSALAT
mit
BASILIKUM-DRESSING

Selbst wenn die Farbkombination uns eher an etwas Herzhaftes denken lässt, der Geschmack des süßen Basilikumdressings passt wie der Deckel auf das Glas.

FÜR 2 PERSONEN

Zutaten Salat

- 10 Kumquats
- 2 Kaki
- 10 Erdbeeren
- 1 Pfirsich

Zutaten Dressing

- 2 Handvoll Basilikumblätter
- 3 EL Pinienkerne
- 1 EL brauner Zucker
- 1 Limette
- 4 EL Apfelsaft

Für den Obstsalat die Kumquats heiß waschen und halbieren. Die Kerne und die grünen Stängel entfernen. Die Kakis waschen und abtrocknen. Danach die Früchte schälen, halbieren und das Kerngehäuse entfernen. Die Erdbeeren waschen, abtropfen lassen und das Grün wegschneiden. Danach die kleinen Beeren vierteln und die großen achteln. Den Pfirsich waschen, bei Bedarf schälen, entkernen und in mundgerechte Stücke schneiden.

Für das Dressing die Basilikumblätter mit den Pinienkernen und dem braunen Zucker in ein hohes Gefäß füllen. Saft einer Limette und Apfelsaft beimengen und mit dem Mixer cremig pürieren.
Je nach Geschmack das Dressing noch etwas nachsüßen.

VARIANTE

Variante: Dieses Dressing passt zu jeder Art von süßen Obstsalaten, verwendet einfach Früchte, auf die ihr gerade Lust habt oder einfach die aus der Obstschüssel.

BEERENMIX

eine

KÖSTLICHE ERFRISCHUNG AUS DEM GLAS

Beerenpflücken ist ein klein wenig wie Schatzsuchen. Wer findet wo welche, und vor allem: Wer findet die größten und die schönsten? Ob die köstlichen Früchte es dann wirklich bis nach Hause schaffen oder gleich im Mund landen, ist wieder eine ganz andere Frage.

FÜR 2 PERSONEN

Zutaten Salat

- 1 Schale Himbeeren (etwa 100 g)
- 1 Schale Erdbeeren (etwa 100 g)
- 1 Schale Heidelbeeren (etwa 100 g)

Zutaten Dressing

- 10 Himbeeren (von den 100 g)
- 6 Erdbeeren (von den 100 g)
- ½ Limette ausgepresst
- ½ TL Vanillezucker

Die Beeren waschen und danach auf einem Küchenpapier abtropfen lassen. Bei den Erdbeeren die grünen Blätter abschneiden und die Früchte vierteln. Alle Beeren in zwei Gläser schichten.

Für das Dressing die Beeren in ein Gefäß füllen und mit dem Mixer pürieren. Den Saft einer halben Limette und den Vanillezucker dazugeben, gut durchrühren und danach abschmecken. Wenn die Mischung zu sauer ist, mit etwas Vanillezucker nachsüßen.

Vor dem Essen das Dressing in das Glas mit den Beeren leeren, den Deckel schließen und kräftig shaken.

LEICHTER JOGHURT-TRAUM
mit
PASSIONSFRÜCHTEN UND MANGO

Manchmal muss es einfach schnell gehen ... Gäste kündigen sich spontan an und es herrscht gähnende Leere im Kühlschrank oder im Gefrierfach. Was aber meistens im Haus ist: Kekse, Joghurt und saisonales Obst.

FÜR 2 PERSONEN

Zutaten Salat	5 Dinkelbutterkekse
2 Passionsfrüchte	200 g griechischer Joghurt
1 Mango	½ TL Limonenöl
3 TL brauner Zucker	

Eine Mango mit braunen Zucker zu einer sämigen Creme pürieren. Die Passionsfrüchte halbieren und mit einem Teelöffel das Innere herausschaben und zum Mangopüree geben, gut durchmischen und beiseite stellen.

Die Dinkelbutterkekse zerkleinern. Die Brösel in die Gläser füllen. Den griechischen Joghurt mit einem Teelöffel braunen Zucker und einem halben Teelöffel Limonenöl verrühren. Die Masse auf die Dinkelbutterkeksbrösel füllen. Als Topping das Mus darauf gießen. Dieses Dessert am Nachmittag zubereitet und im Kühlschrank kalt gestellt, bleibt bis zum Abend crunchy.

Variante: Naschkatzen können die Dinkelbutterkekse auch gerne durch Schoko-Cookies ersetzen. Die Schokolade harmoniert perfekt mit der Mango und der säuerlichen Passionsfrucht.

ORANGEN-COUSCOUS
mit
JOGHURT

Couscous findet sich hierzulande noch kaum in Desserts, dabei schmeckt er in Fruchtsaft gekocht mollig und süß und bildet eine feine Grundlage für so manche Nachspeisen-Verführung.

FÜR 2 PERSONEN

Zutaten Salat
- 50 g Couscous
- 50 ml Orangensaft
- 1 Kardamonkapsel / alternativ 1 Msp Kardamonpulver
- 1 Msp Zimt
- 1 kleines Stück Butter
- ½ TL Sonnenblumenöl
- 2 Joghurt natur à 200 g
- ½ Mango
- 2 Orangen
- 2 EL Cranberries getrocknet
- 4 EL Mandelsplitter

Den Orangensaft mit der Kardamonkapsel, dem Zimt, der Butter und dem halben Teelöffel Sonnenblumenöl in einem Topf aufkochen. Couscous unterrühren, den Deckel schließen und von der Hitze nehmen. Für mindestens 10 Minuten quellen lassen. Danach die Kardamonkapsel wieder entfernen und die Orangen filetieren. Die frische Orange verleiht diesem süßen Shaking Salad einen extra Frischekick.

Den Couscous mit den Cranberries, den Orangenfilets und den Mandelsplittern mischen. Diese Mischung in kleine Gläser füllen. Die halbe Mango mit dem Mixstab pürieren und das Mus auf die Couscousmischung und den Joghurt füllen. Wer möchte, kann das Joghurt noch mit etwas Honig süßen.

TIPP

Couscous in Apfel- oder Orangensaft gekocht ergibt eine feine Süße, welche als Basis für einen süß-sauren Sommersalat geschmacklich jeden positiv überraschen wird. Alternativ zur Mango könnt ihr jedes Obst verwenden.

MÜSLI MIT BEERENSAUCE

„Ein Lächeln am Morgen vertreibt Kummer und Sorgen!"
Kindergarten, Schule und Büro ... für alle, die die wichtigste Mahlzeit des Tages auch mal später am Tag genießen möchten.

FÜR 2 PERSONEN

Zutaten für selbst gemachtes Granola

- 300 g Haferflocken
- 100 g gehackte Nüsse (Mandeln, Hasel- Walnüsse, ...)
- 1 TL Vanillezucker
- 1 Prise Salz
- 1 TL Zimt
- Kokoschips
- Kürbiskerne
- Sesam
- 100 ml Honig
- 2 EL Orangenöl

Zutaten Müsli

- 100g Granola oder Müsli
- 1 Naturjoghurt (200 ml)
- 10 Himbeeren
- 6 Erdbeeren
- 10 Heidelbeeren

Zutaten Dressing

- 6 Himbeeren
- 6 Erdbeeren

Für den Granola die Haferflocken mit den gehackten Nüssen, dem Vanillezucker, Salz, Zimt, und wonach euch geschmacklich ist (Kokoschips, Kürbiskerne, Sesam, ...) in einer großen Schüssel mischen. In einer kleinen Schlüssel Honig und Orangenöl verrühren und mit den trockenen Zutaten vermengen. Die Mischung auf ein mit Backpapier belegtes Blech streichen und im auf 180 Grad vorgeheizten Backofen 30–40 Minuten goldgelb backen. Zwischendurch eventuell nochmal durchmischen. Abkühlen lassen und in ein luftdichtes Glas füllen.

Für das Müsli dieser süßen Shaking Salad-Version einen Müslimix nach Wahl oder das selbst gemachte Granola verwenden. Zur besseren Verträglichkeit des Müslis kann dieses bereits am Vortag in Naturjoghurt eingeweicht werden. Die Beeren waschen und abtropfen lassen.

Für das Dressing Erdbeeren und Himbeeren fein pürieren. Die Beerensauce in kleine Gläser abfüllen und über Nacht im Kühlschrank kaltstellen. Die restlichen gewaschenen Beeren und das Beerendressing erst am nächsten Tag über das Müsli geben.

VEGETARISCH

VEGAN

FISCH

FLEISCH

SÜSS

DANKE AN

Meinen Sohn und meinen Mann, die mir ihre Zeit und Nerven geschenkt und an mich und dieses Buch von Anfang an geglaubt haben. Ihr seid mein kleines Universum. Meine Familie, ohne die dieses Projekt nicht durchführbar gewesen wäre. Eure aufmunternden Worte haben mich durch die Zeit getragen und euer Engagement diesem Projekt gegenüber hat mir Freiräume und Möglichkeiten verschafft. Silvia, deine Energie und deine wunderschönen Fotos machen dieses Buch erst einzigartig und zu dem, was es ist. Denise und Mex, ihr habt keine Sekunde am Erfolg dieses Buches gezweifelt und habt meinen kleinen Sohn immer wieder bei euch aufgenommen. Julia, du hast mir mit deinem Fachwissen über Ernährung alle wichtigen Fragen beantwortet und mich stets motiviert. Guggi, du hast mir für alle wichtigen Momente in diesem Projekt die richtigen Worte gegeben. Sabine und Rene, ihr habt mich in Wien so liebevoll bei euch aufgenommen und mit mir tolle Abende und nette Gespräche verbracht. Jean, Martina und Sabine, Danke für eure inspirierenden Rezeptideen. Danke Margit und Eva für euren telefonischen Beistand zu jeder Tages- und Nachtzeit. Danke an meine Schneide- und Kochhilfen Sabine, Ute, Sandra und Mama, die nach Wien gereist und bei schweißtreibenden Temperaturen tagelang in der Küche gestanden sind und gekocht haben. Allen Köchinnen und Köchen: Thomas, Ute, Sandra, Ilona, Jörg, Michaela, Sabine und Mama, ihr habt nachgekocht und mir wichtiges Feedback gegeben. Gerhard, du hast mit deiner Grafik und deinen Ratschlägen das Buch in der Anfangsphase zu diesem Erfolg gebracht. Ludwig und Birgit, Danke für das Shooting in eurer bezaubernden Küche. Bibi und Charly, Danke für den unvergesslichen Abend in eurem bezaubernden Garten. Anita und Sabine, Danke für die tolle Kleidungsausstattung. Danke an alle meine Freunde, die mich in diesem Projekt unterstützt haben.

Sehr großer Dank gebührt meinem Team bestehend aus meiner Programmleitern Barbara Blaha vom Brandstätter Verlag, meiner Lektorin Ulli Steinwender, meiner Grafikerin Tine Fischer, meiner Fotografin Silvia Wittmann, meinem Illustrator Michael Schneider von Modularplus und dem Team vom Fotostudio Eisenhut und Mayer. Ohne euch würde es dieses Buch nicht geben.

Last not least: Ohne schöne Produkte gibt es keine schönen Fotos. Mein höchster Dank gilt daher folgenden Produzenten in alphabetischer Reihe: Melanie Föllmer von 3PunktF; Andrea Baumann; Sandra Haischberger von Feine Dinge; Tamara Hochstetter von Salon Hochstetter; Gry Fager; Stefanie Hering von Hering Berlin; Jakob Leitner von Leitner Leinen; Nika Stupica und Friedrich Riess von Riess Email.

IMPRESSUM

Bibliografische Information der Deutschen Nationalbibliothek
Die Deutsche Nationalbibliothek verzeichnet diese Publikation in der Deutschen Nationalbibliografie; detaillierte bibliografische Daten sind im Internet über http://dnb.d-nb.de abrufbar.

1. Auflage

TEXTE, REZEPTE, KOCH & FOODSTYLING: Karin Stöttinger
FOODFOTOS: Eisenhut & Mayer
FOTOS: Silvia Wittmann
ARTDIRECTION: Tine Fischer
LEKTORAT: Ulli Steinwender
PROJEKTLEITUNG BRANDSTÄTTER VERLAG: Barbara Blaha
DRUCK: GRASL FairPrint, Bad Vöslau, www.grasl.eu

BILDNACHWEIS: shutterstock.com (Vor- und Nachsatz, S. 7, S. 148/149, U4),
Michael Schneider/modular plus (S. 7)

SCHRIFT: MTT Milano, Caponi Text, Trade Gothic
PAPIER: Profibulk 1,1-fach 150 g

ISBN 978-3-85033-975-9

Christian Brandstätter Verlag
GmbH & Co KG
A-1080 Wien, Wickenburggasse 26
Telefon (+43-1) 512 15 43-0
Telefax (+43-1) 512 15 43-231
E-Mail: info@brandstaetterverlag.com
www.brandstaetterverlag.com

Designed and printed in Austria

Für unsere Umwelt
Klimaneutrale Produktion
Erneuerbare Energie
Nachhaltiges Papier
Pflanzenölfarben

Dieses Produkt entspricht dem Österreichischen Umweltzeichen
für schadstoffarme Druckprodukte (UZ 24), UW-Nr. 715
Grasl FairPrint, Bad Vöslau, www.grasl.eu